はじめに——輸入ビジネスであなたのビジネスは加速進化する！

輸入ビジネス！
あなたは、この言葉を聞いて何を感じますか？

「うーん、おもしろそうだね。興味あるよ。だけど言葉がね。俺英語しゃべれないからね」
「やりたいと思ってるんだ。でも、何か手続きが難しそうでさぁ」
「前に自社で輸入しようとしたことがあるんです。前金送金と言われて振り込みをしたのですが、結局、ものは待てど暮らせど来なかったんです。クレームを言いたくて電話をしたら、えらい勢いでまくしたてられてしまって……しかたがないからそのまま電話を切ってしまいました。もうこりごりですよ」
「初めて海外の展示会に行って注文をしたんです。そうしたらやたら難しい書類がいっぱいFAXで送られてきたんです。何だかよくわからないのでそのままにしてしまいました。いわゆる黙殺ですね。ちょっと相手先には悪いことをしたなって思っています」

私が貿易相談などでよく耳にする輸入ビジネスの印象の一部である。とてもよくわかる。

私もそうだったからだ。

そんな私が、なぜあなたに輸入ビジネスを勧めるのか。

結論から言おう。

小さな企業でも大企業に勝てるからである。これは実に爽快だ。すべての人に均等に機会が与えられるのだ。とてもフェアな世界。それが輸入ビジネスなのである。

説明しよう。私は以前、大企業にいたことがある。会社の金看板で比較的スムーズに取引きは進んでいく。私にたいしたスキルもないのにだ。

日本の国内市場では、大企業というだけで相手から最高のオファー（提示）が与えられることが多い。逆に、小さな企業には最初から不利な条件が提示される。その人個人の力量は関係ない。

私は随分、国内取引では辛い思いをした。会社が小さいというだけで悔しい思いをした。

具体的に言おう。

国内取引の場合、大企業へ提示される価格と、私やあなたに提示される価格は最初から違うのである。なんという不公平なことだろうか。名刺を相手に提示した段階で、オファーされる価格が最初から違うのだ。その人の能力とは関係なくである。

ところが輸入ビジネスは違う。すべての人に機会均等なのだ。あなたでも私でも大企業でも、最初に提示される価格は同じだ。あとは量をどれだけ買えるかだけの問題なのである。

どうだろう。とてもフェアだとは思わないか。私はこのフェアさがとても好きである。大企業も小さな企業もない。相手はいかに自分の商品をさばいてくれるのかを第一の選択基準にしている。小が大に勝てる土壌が輸入ビジネスにはあるのである。

つまり、あなたは限定された得意な分野で勝てばいいのだ。熱意があれば小が大をくってしまう可能性を持つビジネスなのだ。私がお勧めするゆえんである。

さらにもう一つ輸入ビジネスの素晴らしい点をあなたに伝えよう。

国内取引の場合、取り引きは会社対会社というイメージが強い。あなたがもし会社員であれば、あなたがいなくなっても会社対会社の取り引きは何ごともなかったように続いていくだろう。あなたは単なる一つの歯車、部品にすぎないのだから。

ちょっと辛らつすぎるだろうか。気分を害されたらご容赦いただきたい。

しかし、輸入ビジネスはちょっと違うのである。相手も個人を重んじる。

あえて極端に言おう。相手はあなたと取り引きしているのである。あなたの熱意、思い入

れ、可能性、能力と取り引きしているのだ。決して企業のポテンシャル（可能性・将来性）だけで判断しているのではない。あなた自身が相手に値踏みされているのである。

この本はそんな世界を本音で書いている。

この本を今、手にとってくださっているあなたにピッタリの本だとは思わないか。

あなたがもし単なる組織の歯車もしくは一部品でいいと思っているならば、この本をそっと本棚に戻してほしい。

そんなあなたには、この本は役に立たない。ずっと大企業の金看板だけで一生を終えるつもりのあなたは、この本から得られるものは何もないからである。

あなたは、もしかして今これを手に持ったまま迷っているかもしれない。続きを読むかどうかをためらっているかもしれない。

しかし心配には及ばない。あなたが現状に満足することなく、常に前に進もうとしている人なら、ぜひ最後まで読み通してほしい。今すぐにすべて理解することはできないかもしれない。しかし読後のあなたは確実にどの現役の輸入業者よりも頭一つ抜け出たことに気づくことになる。

あなた自身の秘めたる可能性に気づいて欲しい。私はそんなあなたのためにこの本を書い

この本を書くにあたっては、専門的な言いまわし、複雑なしくみについてできるだけやさしく書くことを心がけた。

難しい専門用語も、実務的に必要ないと思うところは思い切ってはぶき、複雑にならないように細心の注意をはらった。

ただし本書は、簡単なところから始まってはいるが、実務レベルで使えるかなり高度なテクニックも伝授するように工夫している。

ときには汗、ときには悔し涙、ときには笑い、ときには怒り、そしてときには感動しながら私自身が肌で感じた26年のノウハウをあなたに伝えたいと思う。

あなたには私のような失敗はしてほしくない。できるだけ短期間に成功して欲しい。そのためにあなたに必要なこととすぐに実践できることだけに特化して筆を進めた。一切の贅肉をそぎ落として、輸入ビジネスの現場で要求されるノウハウだけに絞り込んである。

あなたはあえていばらの道を行くことはない。ほとんどの人が間違うところは同じだ。そ

ている。この本は私とあなたの個別のコミュニケーションなのである。個別の対話なのだ。

こを押さえればあなたは絶対に勝てるのである。こんな私にもできたのだ。あなたにできないわけがない。
この本はそんなあなたへ贈る私からのエールだ。
そしてあなたのビジネスは確実に加速進化する。

Contents

はじめに——輸入ビジネスであなたのビジネスは加速進化する！

この本を手にとったあなたへ

プロローグ 輸入ビジネスはこんなに魅力的!!

輸入ビジネスはなぜ魅力的すぎるのか？……16

輸入ビジネスを始めるために準備するもの……20

海のない山国で1人で始めた輸入ビジネス……22

この本から得られるものは何だろう？……23

英語なんて怖くない！
たった3センテンスでできる世界一簡単な輸入ビジネス英語……25

第1章 輸入ビジネスって何？ どんなしくみなのか？

まずは輸入ビジネスの流れの全体像を知ろう ……32
実務手続きを含めた輸入取引の手順はこうなっている ……36
【売れる商品を探す方法❶】国内で国際見本市に出かける ……38
【売れる商品を探す方法❷】思い切って海外の見本市に行ってみよう ……40
海外からの仕入れのポイント ……44
国内の販売チャネル（販売先）をどのようにつくるか ……45
間接輸入じゃ、いつまでたっても自分の実績にならない ……48
直接輸入によってあなたの仕事の世界が変わる ……50
お客様をその気にさせる前商談とは？ ……51
輸入できない危ないものかどうかを調べてみる ……52

第2章 魅力的な商品はどこに眠っているのか？

一体、どんな商品が売れるのか？ ……58
最大のポイントは日本未紹介かどうかだ ……59

- 有名人などが実際に愛用しているものはブレークしやすい……60
- その国の独自の文化の香りがするものも狙い目！……61
- 特許・意匠など知的財産権にからむ新奇性のあるものに注目……62
- 海外旅行のついでにあちこちのショップを見て歩こう……63
- 海外の雑誌をできるだけ多く立ち読みしよう……66
- 国内の公的機関で商品を発掘する方法……67
- 海外の通販カタログを取り寄せる……71
- ときには開発輸入もあなた独自の商品をつくる……72
- 仲間との共同輸入も効果的……75
- 日本で流行しているものを海外でつくる方法……78
- MADE IN ITALYが実は……79
- あなたの得意な分野の商品に絞り込め！……81
- 良いサプライヤーの条件とは？……82
- あなたにとってのいいメーカーの探し方……86

第3章 相手が思わず「YES」と言ってしまう《実践》交渉術!

日本式の謙譲の美徳なんて必要ない ……92
「男は黙って」や「俺の目を見ろ」はもっと通じない ……93
自分をいかにアピールできるかが勝負 ……96
一瞬で海外サプライヤーと仲良くなるメソッド ……97
「独占販売権」獲得のための秘密の説得術 ……98
国内の国際見本市の展示品で儲ける㊙テクニック ……102
サンプルを無料にするとっておきの方法 ……104
関税を安くするベストな方法 ……106
特恵関税を受ける手続きと適用されやすくするコツ ……108

第4章 契約時に陥る罠とスムーズな代金決済・輸送法

相手が送ってくる契約書にはサインするな! ……114
契約書のここをチェックしよう! ……116
相手に対する特別な指示は必ず、契約書内に落とし込め ……125

第5章 どん欲に儲ける！《実践》国内マーケティング！

相手への代金決済は送金が一番簡単！ …… 126

あなたの商品に最適の輸送手段を見極める …… 133

海上運賃はどのように決まるのか？ …… 135

航空運賃はどのように決まるのか？ …… 138

小口貨物の輸送方法を比べてみよう …… 139

輸入通関は専門家に任せよう！ …… 142

通関をスムーズに通る方法とは？ …… 150

海上保険はなぜ必要なのか？ …… 154

海上保険の賢いかけ方とは？ …… 157

あなたは商品を誰に売りたいのか？ …… 162

「あなたのブランドを立ち上げませんか」のフレーズが持つ魅力的すぎるオファー …… 163

フェアトレードであなたの立ち位置をつくる！ …… 166

海外の超有名ブランドを並行輸入で売りさばく！ …… 168

あなたの商品を映画やテレビに出演させるとっておきの方法とは？ …… 169

第6章 クレームの対処法と本当に役立つトラブル解決策！

国内見本市への出展は販売ルート開拓の王道 …… 171
見本市のブースを上手に装飾する秘訣 …… 176
見本市で効果的に集客するバツグンの方法 …… 177
見本市出展に不可欠な販売ツールとは？ …… 183
インターネットを使ったドロップシッピングで販売網をつくる！ …… 186
サンプルの段階で参考小売価格を決める㊙テクニック …… 187
誰もが悩む価格の付け方はズバリこうする！ …… 190
輸入業者・問屋・小売店の理想のマージンは？ …… 194
輸入採算表をつくってみよう！ …… 196
輸入採算表で実際に価格を出してみよう！ …… 202
クレームという言葉の持つ本当の意味とは？ …… 210
仲裁・裁判もあるが……現実的には？ …… 212
輸入業者は、PL法（製造物責任法）では製造者になることに注意！ …… 214
貿易条件は様々！　きっちり確認しよう …… 218

エピローグ まだ見ぬあなたへの最後の贈りもの

相手の文化・考え方を尊重する姿勢を忘れない……225

しょせんは人間対人間、心から誠実に対応する……228

専門的な事務手続きはプロにアウトソーシングする！……231

トラブルの相談は誰にすればいいのか？……232

為替リスクを回避するテクニック！……234

国内の規制・法律についてはせめてあなたの分野だけは知っておこう……239

あとがき
INDEX
参考文献

カバーデザイン・カバーイラスト／松本えつを
本文イラスト／近藤智子
本文DTP／ムーブ（新ヶ江布美子・武藤孝子）

この本を手にとったあなたへ
実務書に対するあなたの考えが変わる！

この本は前代未聞の輸入ビジネスの本である。
何が前代未聞なのか？
実務書であるにもかかわらず、あなたはこの内容にぐいぐい引き込まれる。
まるでエンタテイメントを見ているように。
世界一わかりやすくおもしろい実務書にしてある。
この本を手にとってくれたあなたへ。
あなたにだけそっと伝授しよう。失敗することが不可能な輸入術を！

プロローグ
輸入ビジネスはこんなに魅力的!!

輸入ビジネスはなぜ魅力的すぎるのか？

あなたは、あなたのビジネスを2倍にしたいですか？
そんな方法があるとしたら興味がありますか？
ちょっとした勇気を持てばできる方法ならすぐに実行しますか？

はいと答えたあなた！
そんなあなたのためにこの本は書かれている。
あなたは多分、次のような方でしょう。

- 大企業に負けたくない、小さな企業の経営者であるあなた
- 企業の歯車で終わりたくない、独立心旺盛なアントレプレナー（起業家）志向のあなた
- インターナショナルバイヤーとして、海外を飛びまわりたいあなた
- 現在輸入ビジネスに関わっているが、さらに自分のスキルアップを目指している上昇志向の強いあなた

プロローグ　輸入ビジネスはこんなに魅力的！！

- **輸入ビジネスはまったく経験がないが、意欲はあるあなた**
- **以前輸入ビジネスに参入したが、うまくいかなかったあなた**
- **今十分儲けてはいるが、さらに大きく儲けたいと思っているあなた**

そんなあなたの思いを叶えてくれるもの。

それが輸入ビジネスなのである。

なぜか？

ビジネスモデルがいいのである。

詳しく説明しよう。

あなたはあなたの儲けを自分で決められるのである。もう一度言おう。儲けを自分で決めることができるのである。

通常、国内取引においては、価格設定はメーカーの段階で決められているケースが多い。あなた（輸入業者）を含めた流通業者（問屋・小売店等）は、その決められた価格のなかで分け前を分配するというしくみになっている。

具体的に言おう。

たとえば、ある商品が１００円の小売価格（定価・上代とも言う）だったとしよう。する

とあなたがこの商品から得られる利益は最高で100円、最低で0円である。

つまり利益率は100%から0%までしかない。しかし現実には100円で売ったものが100%の利益というのは考えにくい。仕入原価があるからだ。

あなたが問屋であるなら、小売価格に対して35～45%位の掛け率（つまり35～45円）で仕入れるだろう。あなたが小売店なら45～60%位だろう。

まずはメーカーが原材料＋利益として35～45%位をとってしまう。この時点で残りは55～65%位になっている。そしてメーカーが小売価格を決めてしまう。この55～65%（つまり55～65円）が流通業者の利益として分配されるしくみになっているのである。

この構造は業種、業界が違ってもあまり変わらない。変えようがないと言ったほうがいいだろう。

ところがである。輸入ビジネスはこの価格構造をあなたが決めることができるのである。

もう一度言う。「価格決定権」はあなたにあるのである。国内取引の場合のメーカーの立場になれるのである。

魅力的だとは思わないか。あなたの好きな価格で販売できるのだ。

もちろん価格の市場性は考えなくてはならないが、一般論として、輸入ビジネスはあなたの会社の利益を2倍にして加速進化させるのである。

■輸入取引と国内取引の価格構造

輸入取引の場合

価格は自分で決める

| 原価 | 流通業者 利益 |

利益が2倍になるチャンスもある

国内取引の場合

決められた小売価格

| 原価 35〜45% (原材料＋メーカーの利益) | 流通業者 利益 |

ん〜どのぐらいの値段にしたらいいかな〜

輸入業者（あなた）

2000円で売ってね

メーカー

輸入ビジネスを始めるために準備するもの

輸入ビジネスを始めるにあたって最初に用意するもの。とても気になるところであろう。あなたが当初用意するものは、「机」「パソコン」「1本の電話」「FAX」だけでいいのである。

どうだろう。ほっとされたのではないか。

続けて、あると便利なものを紹介しよう。

● 英和中辞典

できるだけ例文がたくさん載っているものを選ぼう。

● 和英中辞典

メール作成時に不可欠だ。非常に役に立つ。

● ビジネス英文レター文例集

典型的なレターの文例が多く出ているものを、できれば2冊程度用意したい。

プロローグ　輸入ビジネスはこんなに魅力的！！

■輸入ビジネスを始めるために準備するものは？

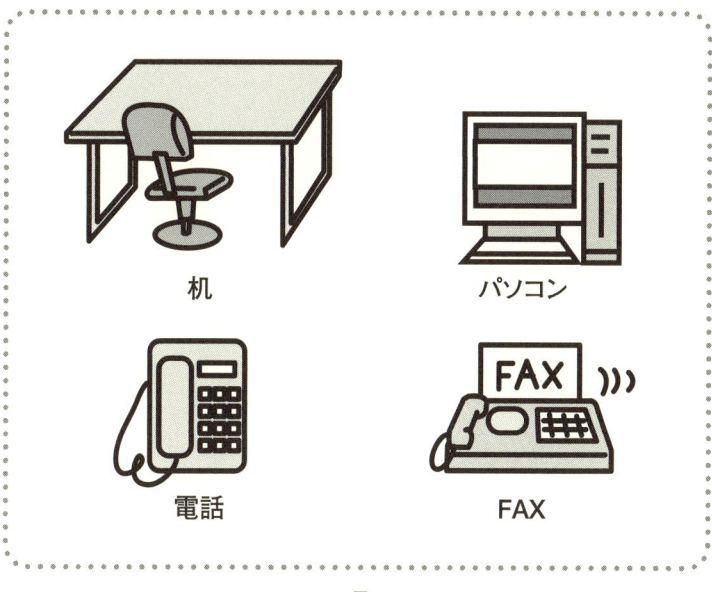

以上これだけである。

過大な設備などは必要ない。倉庫は、港の近くで借りればいい。配達も倉庫業者と運送業者に委任すれば問題ない。

一番重要なことは、見込み客もしくは顧客をいかに獲得するかである。必要なのは、あなたのマーケティング力とセールス力だ。

そういった意味では、上昇志向の強いあなたに向いているビジネスと言える。

海のない山国で1人で始めた輸入ビジネス

相手「あれ？ 会津って海ないですよね。なぜ輸入なんですか」

私がよく聞かれる質問である。

私が住む福島県会津若松市は山に囲まれた盆地だ。太平洋にも日本海へもどちらに行くに

しても車で3時間位はかかる山国である。不思議に思うのも無理はない。多くの輸入業者は海に近い所にいる人が圧倒的に多いからだ。

山と輸入のイメージが相容れないからもっともな疑問である。

そんな環境のなか、私はたった1人で輸入ビジネスに参入した。だから周りに質問できる人などいない。まったく何もわからずに始めた。

すべてが手さぐりである。手痛い失敗談は山ほどある。しかし失敗とは、「学ぶ経験」でもある。それに気づいた。輸入ビジネスを手がけた人が失敗するところは、なぜか同じことが多いのである。

不思議に同じ過ちを犯すのである。この過ちを事前に回避できたら、あなたは成功に向けて一直線に進めることになる。寄り道することなしに。

私はこれを伝えたくてこの本を書いている。

この本から得られるものは何だろう？

あなたはこの本から次のことが得られる。

- 最小の語学力で輸入ができるようになる
- 売れる商品の見付け方がわかる
- 儲かる価格の付け方がわかるようになる
- 国内の販売ルートのつくり方がわかる
- 発注書が書けるようになる
- 自分に有利な契約書のつくり方がわかるようになる
- 代金決済の方法がわかるようになる
- 展示会出展のノウハウをマスターできる
- トラブル発生時に冷静に対応できるようになる
- 海外のメーカーと一歩もひかず交渉できるようになる
- 海外の展示会へ行っても、ものおじしなくなる

　輸入ビジネスと言えども基本的には国内ビジネスと変わらない。一番重要なポイントは、どのようにあなたの商品を拡販していくかである。
　輸入ビジネスはフェアな世界であると述べた。フェアな世界であるから輸入実績、販売実績がものを言う。小さな企業でも大きな企業に勝てる。何も全面的に勝たなくてもいい。あ

英語なんて怖くない！ たった3センテンスでできる世界一簡単な輸入ビジネス英語

あなたが輸入ビジネスを考えるとき、一番ちゅうちょする理由は、言葉の問題（英語）だろう。

ほとんどの人にとって最大の難関だ。しかも日常会話ではない。貿易（ビジネス）英語なのだ。やる前からできないと思ってしまうのも無理はない。実は私もそうだったから、あなたの気持ちが手にとるようにわかる。

白状しよう。私は今でも日常会話は苦手である。わからないことのほうが圧倒的に多い。あなたは錯覚している。実は日常会話よりビジネス英語のほうが簡単なのである。

なぜか。説明しよう。

たとえば、医者同士が彼らの専門分野について議論をしているとしよう。あなたはそれを

なたの専門分野もしくは取引メーカーにとって、一つの分野で圧倒的に勝てばいい。そうすれば取引メーカーにとって、あなたはナンバーワン顧客になり、最大のメリットを享受できるのである。

聞いている。確かに彼らが話しているのは正真正銘の日本語のはず。しかしあなたはほとんど何を言っているか理解できないだろう。

理由は明白である。あなたが医者ではないからだ。もっと詳しく話そう。あなたが門外漢のため医療に関する専門用語をわからないからである。言葉としてはわかっていても理解できないのである。逆に言えば、専門用語がわかれば大体はわかるということになる。

ビジネス英語も同じである。

輸入でよく使われる業界の専門用語は大体決まっている。それを覚えればいいのである。次に、想定される場面での言い回しを覚える。これだけでほぼ通じる。ところが日常会話のほうは話がどこに飛ぶかわからない。だから余計に難しいと言える。

本題に戻ろう。

そんなあなたに世界一簡単な輸入ビジネス英語を伝授しよう。たったの3センテンス（文章）である。しかも中学程度のレベルで1センテンスも短い。ぜひ覚えて使って欲しい。ほぼ100％、相手が理解してくれる魔法のセンテンスである。

まず、あなたは外国の展示会に行ったと想像してほしい。あなたは自分の欲しい商品をさがして会場内を歩いている。

プロローグ　輸入ビジネスはこんなに魅力的！！

ここで展示会とはどういったものか想像がつかない人のために、ちょっと説明しておこう。ショッピングモールをイメージすればいいだろう。大きな建物のなかに通路をはさんで両側にお店が並んでいる姿をイメージすればいい。

目指す商品がありそうなブース（お店と思っていい）を見つけたら、まずこう言って入ろう。

先へ進めることにする。

(1) **Hi ::** ▼こんにちは（にっこり微笑んで）

あるコミュニケーションのプロフェッショナルに言わせれば、人間のコミュニケーションのうち顔の表情・ボディランゲージで55％の情報が相手に伝わる。そしてさらに、声のトーンで38％が伝わることになる。驚くべきことではないか。何と、言葉による情報はコミュニケーション全体の7％だけなのである。

これでにっこり微笑んで右手を上げて「Hi ::」という意味がおわかりいただけるだろう。この瞬間に、相手にはあなたが相手の商品に興味を持っていることが伝わる。しかもあなたは笑みを浮かべている。好感を持たれるのは当然である。

よく日本人は表情がないと言われる。あなたにすれば言葉が話せないために表情がこわばっているだけなのである。そのため相手から見ると、不気味に見えたり怒っているように見られたりすることになる。これではいいコミュニケーションができるわけがない。オーバーなくらいに元気よく、ニッコリ笑って「Hi.」と言おう。これで33％は終わりである。

(2) **How much?▶** いくらですか

ブースを見て「これだ！」と思う商品があったら、迷わず「How much?」と聞こう。これも難しいという人は「Price」だけでも通じる。決して丁寧とは言えないが大丈夫だ。すると相手は答えてくれる。たとえば「スリーハンドレッドトエンティワンUSダラー」のように。

相手の言葉が聞き取れないかもしれない。それでも決して慌てずに、ペンと紙を渡して書

■「Hi!」とにっこり微笑みながら言おう

いてもらえばいいのである。これで値段もわかった。66％終了である。

(3) E-mail you later▶あとでメールします

商品や取引条件についてあなたはもっと知りたいはずだ。これからが重要な部分である。後ほどE-mailで文書レベルでの商談を進めるということを相手に伝えて、あなたはそのブースをあとにする。

これで99％終了である。残りの1％は日本に帰ってからである。

帰ったあなたは、英和・和英辞典を使いながら自分の伝えたいことをじっくりと作文すればいいのだ。日本人の多くは話すより書くことを得意としているだろう。私もそうである。

これが、私が輸入ビジネス開始当時に使っていた手法である。もちろん当時は「E-mail you later」ではなく「FAX you later」だったが。

この方法で通じなかったことはない。しょせん人間対人間のコミュニケーションである。好意を全身で伝えることが重要だ。言葉はたんなる一手段にすぎない。

だから自信を持とう！

■輸入ビジネス英語はたった3センテンスでOK！

1センテンス **Hi！**
こんにちは

⬇

2センテンス **How much？**
いくらですか

⬇

3センテンス **E-mail you later**
あとでメールします

難しい言葉は必要ない。たったこれだけ！　自信を持ってニッコリと！

第1章 輸入ビジネスって何? どんなしくみなのか?

まずは輸入ビジネスの流れの全体像を知ろう

輸入ビジネスとは何か。

輸入ビジネスとは、「海外から有望な商品を探し出して日本で売って稼ぐビジネスモデル」である。大まかな流れを説明しよう。

(1) **日本市場にない有望商品を調べる**

日本の市場でニーズ（必要性）、ウォンツ（欲求）があるにもかかわらず商品化されていないものを見つける。市場が何を求めているのかをさぐるのである。

たとえば少し前の健康食品のコエンザイムQ10などはその例であろう。

(2) **海外市場でそれらの商品を探す**

まだ日本では商品化されていないが海外ではすでにポピュラーな商品は多い。そういったものは狙い目である。探す方法は、国内で見つける方法と、海外に出かけて行って探す方法がある（詳細は38ページ参照）。

■輸入ビジネスの流れ

- **フロー1** 日本市場にない有望商品を調べる
- **フロー2** 海外市場でそれらの商品を探す
- **フロー3** 輸出者に日本への輸出の実績をたずねる
- **フロー4** サンプルをオーダー（注文）する
- **フロー5** サンプルでお客様の声を聞き「前注文」をとる
- **フロー6** 試しに少量をオーダーして反応を見る
- **フロー7** 本格的に輸入して販売する

(3) 商品を探せたら、輸出者に日本への輸出実績があるかどうかをたずねる

これは二つの側面から重要である。そして二つの側面にそれぞれメリットとデメリットがある。

まず、輸出実績がない場合。このメリットは、メーカーとの間に独占販売権（総輸入元）契約を結べる可能性があるということである。詳しくは後述（98ページ参照）するが、この権利は非常に強力なツールになる。一方、デメリットは、日本市場の品質基準を知らないということが挙げられる。日本の品質基準は、世界で指折りの高い基準である。それを理解してもらうのに時間がかかることになる。

次に、輸出実績のある場合。このメリットは、日本市場を熟知していて、それに対応するだけの技術があると判断できることだ。そのため品質問題についてはある程度安心できる。一方、デメリットとしては、すでに日本に販路がある場合には、あなたはメーカーにとって取引先の一つにすぎない。国内市場でライバルとの激しい競合に巻き込まれる恐れがある。価格的にもある程度、相手の要求をのまなくてはならない。要はおいしくないのである。

どちらにしても押さえておくポイントである。

(4) サンプルのオーダー（注文）をする（187ページ参照）

輸出価格を確認の上、日本での卸売価格と小売価格をおおまかに設定する。そして、サンプルを取り寄せて品質、機能を確認する。このサンプルは、後に本オーダーをしたときの品質の照合サンプルにもなるので大事に保管する。

(5) サンプルを使ってお客様の声を聞く

いくらあなたがいい商品と信じていても、それが売れるか売れないかは、最終的にはお客様の判断となる。謙虚な気持ちでお客様のその商品に対する声を聞き、それをメーカーにフィードバックすることが重要である。日本市場に適合させるための品質や仕様の変更のためだ。つくられた商品を売るのではない。売れる商品をつくるのだ。

人間誰しも自分が気に入ったものに対しては、思い入れが強すぎて商品の改良について消極的になるケースが多い。これは私自身に言っている言葉でもある。必ずニーズやウォンツに合うようにメーカーを説得しなければ成功はない。変な妥協はすべきではない。

(6) 少量のトライアルオーダーをする

テスト的に少量のオーダーを入れる。メーカーによっては、ミニマムオーダー（最低受注引受単位）を設定してある程度の量を要求されることもある。しかしそこで引き下がっては

いけない。じっくりと交渉して、「次回はミニマムオーダーに応じる」などの提案をしながら、少量での仕入れに努めよう。

残念だが、サンプルとオーダー品がまったく違うなどということも起こりえる世界である。私も肝に銘じている。笑えない話が山ほどあるのだ。

(7) 本格的に輸入して販売する

(1)〜(6)までのステップが満足のいくものだったら、本格的に販売する。どうやって販売先を見つけるのか、販売チャネル（販売先）をどうするのかは後述（45ページ参照）する。

実務手続きを含めた輸入取引の手順はこうなっている

輸入ビジネスの流れは押さえた。
続いて、取り引きの実務面も含めた流れをつかもう。

❶ 日本におけるニーズ、ウォンツを見つける（↓32ページ参照）

第1章 輸入ビジネスって何？ どんなしくみなのか？

❷ 輸入の相手（メーカー・輸出業者）を探し出す（⬇第2章参照）

❸ 輸入しようとしている商品に関わる法的規制等の確認（⬇239ページ参照）

❹ サンプルオーダーをする（⬇104ページ参照）

❺ お客様の声を聞き、日本市場向けに変更するところがあれば変更する（⬇83ページ参照）

❻ 輸入条件の交渉をする（⬇218ページ参照）

❼ 契約書を取り交わす（⬇116ページ参照）

❽ 少量のトライアルオーダーをする（⬇35ページ参照）

❾ 市場での動向を見る（⬇51ページ参照）

❿ 満足のいく売れ行きかどうかを確認して本格的にオーダーを入れる（⬇44ページ参照）

⓫ 契約によって信用状決済の場合、L／Cを開設する（⬇129ページ参照）

⓬ 保険なし契約の場合、外航貨物海上保険を手配する（⬇157ページ参照）

⓭ 海上輸送もしくは航空輸送にて到着（⬇133ページ参照）

⓮ 輸入代金を決済して船積み書類を船会社より入手（⬇127ページ参照）

⓯ 通関業者に船積み書類を送付して輸入通関に入る（⬇142ページ参照）

⓰ 国内配送を行なう

⓱ 国内で販売する（⬇45ページ参照）

以上が実務面も考慮した全体像である。流れがつかめたであろうか。もし、現在よくわからなくても心配しなくていい。個々については、随時本書で詳述していくなかで理解できるからである。

【売れる商品を探す方法❶】国内で国際見本市に出かける

輸入ビジネスも、行きつくところは物販である。売れる商品と相手をいかに探すか。最終的には、商品が売れなければ継続的なビジネスにはならない。売れる商品を見つけられるのか。

それでは、どうすれば見つけられるのか。

大きく分けて、国内で見つける方法と、海外で見つける方法という二通りある。順次見てみよう。

国内で見つけるベストの方法は、日本で開催される国際見本市に足を運ぶことである。年間を通してかなりの数の国際見本市が開かれている。絶対に見ることをお勧めする。わざわざ日本まで来ているメーカーだ。積極的なところが多い。

国際見本市を肌で感じる意味でも必要である。現物を見ながら商談できるメリットもある。

第1章 輸入ビジネスって何？ どんなしくみなのか？

コスト的にも比較的安く上がる。

しかしデメリットもある。

一つ目は価格である。

日本で開催される見本市に出展するメーカーのなかには、自国で開かれる見本市よりも高めの価格設定をしている場合もあるので注意が必要だ。とくにアジアからの出品者の場合、相手の顔色を見て価格を決めるなどということも現実的にあるのだ。

元々アジアの商品は、日本人から見ると安く感じる。少し価格を上げてもわからないのではと思うのだろう。彼らにすれば日本までやって来たコストを吸収しようとの思いもあるのだろう。わからないわけでもないが……。

二つ目は、競合である。

日本で開催されているのだ。日本からのバイヤー（買い手・輸入業者）が最も多いのは当然であろう。いきおい競合することになる。

輸入品の最大の魅力の一つに、高い粗利がある。競合によって、あなたの考えている粗利に届かなくなる恐れもあることは覚悟しなくてはならない。

それでも、国際見本市への参加は、国内で探す手法としてはベストな方法であることは間違いない。

39

【売れる商品を探す方法❷】
思い切って海外の見本市に行ってみよう

海外の見本市に行くのは、多少の費用を覚悟しなくてはならないが、最も手っ取り早い方法である。

各メーカーが総力を結集して新作を出展してくるのだ。しかも一社、二社といったレベルではない。見本市の規模にもよるが、国際見本市と称される展示会には文字通り世界中から何千ものメーカーが集まってくる。それをあなたは一度に見られるのだ。きっと新しい発見があるはずだ。

海外の見本市は、日本の見本市とはまったく違う。何が違うのか。見本市の持つ意味がそもそも違うのである。

海外の見本市は、ずばりプロ対プロの熱い商談の現場だ。出展者も訪問者も真剣である。メーカーによっては、半年分の売り上げをたたき出す最前線だ。厳しいやりとりに圧倒されることもしばしばだ。

香港の見本市に行ったときの話をしよう。

私はあるメーカーのブースでちょっと気になる商品群を見つけた。私はブース内を忙しく

動き回る一人の男に声をかけた。

私「エ: 君の商品に興味がある。カタログをくれないか」
相手「興味があるなら商品をセレクトしてくれ」
私「いや、帰ってからじっくり検討したいんだ」
相手「なぜ？ 今あなたは私たちの商品を見て興味があると言っている。あなたと私はこうして向き合っている。なのに、なぜあとにする必要があるんだ」

もっともな意見だ。今決められないものをあとから決められるわけがない。彼は知っていたのだ。私が、ただ単に他メーカーとの比較のためにカタログを欲しがっていることを……。

私「今あまり時間がないんだ。だから日本に帰ってから連絡させて欲しい」
相手「私も毎日がとても忙しい。ショーが終わったらますます忙しい。今ここで、あなたと私は向かい会っている。なぜこの時間を大事にしようとしないのか」

ドキッとした。まさに正論である。と同時に彼のセールステクニックにほとほと感心した。お客の見極めがほれぼれする位早く、そしてうまいのである。その場で契約をした。彼への授業料の意味をも込めて。

もう一つ例を話そう。

フランスの見本市での出来事である。

あるステンドグラスランプのメーカーのブースに入ったときのこと。重厚な雰囲気のその商品群は私を魅了した。しかしかんせん高いのである。私は日本の市場を考えた場合、ちょっと決めあぐねてこう言った。

私「主力のお客様と相談の上、ぜひ発注したいと思っている。カタログと価格表をいただけないか」

相手「申し訳ないがムッシュー、差し上げられない。カタログと価格表は私どもとお客様だけの秘密の共有財産です。その秘密の情報をお客様以外の人に公表することは、お客様の利益に反します。お客様の利益を損ねることはできません。私どものポリシーなのです。ご理解ください」

第1章 輸入ビジネスって何？ どんなしくみなのか？

私は、思わず「う〜ん」とうなってしまった。これほど見事な断り方に今まで出会ったことはない。逆に私がもしこのメーカーのお客になれば、このメーカーは私と私の市場を大切にしてくれる、ということを意味しているのだから。

私 「オーダーをすれば今もらえるのですか？」
相手「商品の発送時にお付けします」

何という念の入れ方だろう。カスタマーサービスの奥義をかい間見たような気がした。このくらい真剣なのである。この間合いをぜひ感じていただきたい。

片や日本の見本市はどうだろうか。

一言で言おう。名刺交換の場である。あなたが出展者であるならご勘弁いただきたい。私自身の会社の反省も含めての話である。

もう少し言い方をやわらかくしよう。日本の見本市は、見込み客としてあとから営業をかけることができる相手を特定する場所である。

わかりやすく言うと、日本の見本市は実際の商談の場になりにくいということだ。外国のバイヤーが全権委任されたプロであるのに対し、日本のバイヤーは絶対的な決定権を持つプ

43

ロとは言えない場合が多いからである。日本の稟議の決裁システムや社内根回しなどによって決定が遅くなるしくみなどが要因として挙げられる。

ちょっと失礼な言い方になるが、購買決定権のない部門の来場者も多いのだ。一瞬にしてお客様を見極める目をあなたは要求されることになる。

海外からの仕入れのポイント

海外から仕入れをする際のポイントは二つある。

一つ目は、1回の発注量をどの位に設定するかである。

これは、サンプルによる「前注文」をどれだけ持っているかにかかっている。せめて、発注する商品の半分位は前受注として持つべきである。そしてあと半分をリピート用の在庫としてストックする。品切れのおきないように在庫量を調整しよう。

二つ目は、発注時期である。

海外のメーカーは、受注を受け契約が済んでから商品の生産にとりかかるケースが多い。欧米などのメーカーのなかには多少のストックを抱えているところもあるが、その数は少な

国内の販売チャネル（販売先）をどのようにつくるか

そのために発注後から船積みまで45〜90日位（もちろんばらつきはあるが）を要することを知る必要がある。継続的に販売する商品の場合は、きちんとした販売計画を立てて欠品をしないように配慮しなければならない。

まず、あなたの商品に最も適したチャネルはどこかを知ろう。

有力な販売チャネルとしては次の4つのチャネルがある。

(1) 問屋（卸商）

あなたの商品が雑貨であれば雑貨問屋、または家具であれば家具問屋などの専門問屋がベストだろう。間接的では

■海外からの仕入れのポイント

❶ 1回の発注量

まったく「前受注」を持たない見込み発注はしないこと

＋

❷ 発注時期

発注から船積みまで45〜90日かかる。
欠品の出ないように注意

あるが一度に大量のお客様を獲得できるチャンスがある。販売先は傘下の小売店を多く持つところと組むのが鉄則である。一度のマーケティングでの販売効率が高い。

ただし、問屋との取り引きで注意しなければならない点もある。あなたにとってあなたの商品はオンリーワンの商品だが、彼らにとってはあまたある取り扱い商品の一つにすぎない。思い入れが違う分、売り込みに対する熱心さに温度差がある。このことを理解して、彼らに対してどのようにあなたの商品に注目してもらえるかを考えることが、成功の鍵となる。

(2) 小売店

あなたの商品のテイストに合った小売店を探し、そこにダイレクトに商品を卸す。多店舗展開をしているチェーン店、百貨店、ホームセンター、スーパーなどであれば一気に商品の知名度を上げることができる。

小売店への直卸しのメリットは、粗利が高いことである。一方デメリットは、小ロットにも対応できる柔軟な物流システムを持つ必要があるということが挙げられる。

第1章 輸入ビジネスって何？ どんなしくみなのか？

(3) 通販会社・TVショッピング会社

あなたの商品が日本初上陸の商品であったり、特許がらみの商品というように特徴がある場合、このチャネルは強力なパートナーになる。彼らは常に目新しいものを探している。タイミングが合えば、あっという間に人気商品になる可能性が高い。

デメリットは通常の場合、彼らが事前の商品の買い取りをしないことが挙げられる。売れた分だけ発注が来る。いわゆる受注発注方式である。商品在庫のリスクはあなたにある。仕入れ数量の読みを間違うと過剰在庫を抱えることになる。このリスクを理解した上で取り組む必要がある。

(4) ネットショッピング会社

最近非常に増えている業界である。あなたの商品が価格的に圧倒的に割安な場合、このチャネルは向いている。たとえば、どこでも1万円で売っている商品が8000円で売り出せるというような場合である。

名の通ったブランド品もこのチャネルは非常に強い。これからますます伸びる相手になることは間違いない。

間接輸入じゃ、いつまでたっても自分の実績にならない

私自身のことである。私はシンガポールのメーカーからソファを輸入していたことがある。いわゆる専門商社を通しての間接輸入だ。売れ行きも好調で私は満足していた。販売を始めて一年位過ぎたときのこと。そのメーカーが日本で行なわれる国際見本市に出展するとの情報があったので、私はブースを表敬訪問することにした。心の中ではもう一つ別なミッション（使命）を持ちながら……。

そのときの私のミッションとは独占販売権を得ることだった。少なくとも私には自信があった。私のカバーエリアぐらいは任せてもらえると信じ切っていた。

ブースに出かけてメーカーの社長に名刺を出して、私はこう切りだした。

> 私「はじめまして。大須賀です。いつもお世話になっています。今日は社長に会えるのを楽しみにしていました」

返ってきた答えは、

第1章 輸入ビジネスって何？ どんなしくみなのか？

相手「そうですか……今日はどちらから」

まったく素っ気ないのである。さらに私は続けた。

私「会津です。ご存じですか」
相手「……今はどちらを通して弊社の商品をお買い求めになっているのですか」
私「○○商社です」

相手の顔色が急に明るくなった。

相手「○○商社さんですか！ お世話になっているお客様なんです！」

私はそこで話をするのを止めた。

そうか。そういうことなんだ。メーカーにとってのお客様は私ではなく○○商社なんだ。いくら輸入しても、私の意見・要望は決して彼らまで届かない。初めて現実に直面した。

そして思った。自分の言葉で自分の思いで自分の看板で直接輸入をしようと。この経験から学んだことは、私の人生を大きく変えた。それ以降、自分の専門分野で間接輸入をしたことはない。常に、生産者サイドにできるだけ近づいて、商品に対する意見・要望・提案を聞いてもらうようにしている。

間接輸入では、いつまでたっても対メーカーという観点からすると自分の実績にならない。あなたの声が通りにくいのだ。

私が直接輸入をお勧めするゆえんである。

直接輸入によってあなたの仕事の世界が変わる

海外のメーカーとの直接輸入からあなたが得られるものは何か。やり方を間違えなければ少なくともあなたの利益は2倍になる。輸入ビジネスは、ある意味でわが国と相手国との時間差ビジネスであるという側面を持っているからだ。

抽象的すぎるだろうか。詳しく説明しよう。

一般的に、文化・文明の発展度合いによってその国の物価が決まるという一面がある。た

とえば、私が生まれた昭和30年と現在（平成18年）では、物価は10倍以上の開きがある。もし昭和30年代の日本から商品を買ってきて平成の現代で販売するとしたら……。

もちろん、現代でもその商品が売れるという前提だが、答えはいうまでもない。あなたは10倍の利益を出すことができる。

それと同じ現象が海外とのビジネスでは起こりえるのだ。昭和30年代の日本と同じ状況にある国を探して、そこから商品を持ってくればいいのである。

もちろん、これは極端な例ではある。すべての商品に当てはまらないのは百も承知だ。しかし現実でもあるのだ。発展途上国に行ったことがある人なら、きっとそう感じているはずであろう。

お客様をその気にさせる前商談とは？

これだ！　と思う商品を見つけたとする。次にすべきは、市場調査である。市場調査といっても、大企業のように市場調査会社に頼んではいけない。あなたは、あなたの見込み客に自分自身で聞くのである。

現物を見せて、欲しいかどうかをズバリ聞く。市場調査というとアンケートをとるというようなソフトなイメージがある。しかし、あなたは現場で闘っているビジネスマンなのだ。調査というより実商談である。予定小売価格を設定してサンプルを提示して前注文を取るのだ。その商品を店頭に並べることを前提に話し合いをすべきである。そうでないと相手も真剣に答えない。他人事になってしまう。

輸入できない危ないものかどうかを調べてみる

日本は、自由貿易を原則としている。しかし、すべてが自由に輸入できるわけではない。国民の生活や安全を考えて、輸入自体を禁止しているものがある。また輸入そのものは可能であるが、検査や許可が必要なものもある。

少なくとも、あなたが輸入しようとしている商品が、法的規制をクリアーするものかどうかを調べておかなければならない。輸入したあとでは遅いのである。

各税関では、輸出入に関する情報提供サービスを行なっている。たとえば、税関による「事前教示制度」や音声またはFAXによる「税関相談テレフォンサービス」である。ぜひ

■あなたの商品は自由に輸入できるものなのか?

商品は大きく分けて4つに分類される

輸入時

① 輸入自由品
誰でも自由に輸入できるもの

② 輸入制限品
外為法(外国為替法)によって輸入制限されているもの
(輸入割当承認確認が必要なもの)

③ 輸入禁制品
公安または風俗を害するもの
(麻薬、けん銃、コピー品、偽造貨物、わいせつ品 etc.)

④ 輸入規制品
国内法によって輸入規制されているもの
(薬事法、酒税法、食品衛生法、植物防疫法 etc.)

通関
所定の手続きのチェック
違法品の取り締まり

販売時の規制(国内流通・販売時)
規格・基準適合・表示が決められている
消費生活用製品安全法
工業標準化法(JIS)
家庭用品品質表示法 etc.

輸入業者(あなた)

↓

一般ユーザー(消費者)

活用してほしい。

規制について知っておくべき理由はもう一つある。許可および検査が必要な商品を輸入する場合には、検査する際にコストがかかる。そのコストは仕入原価の構成要素になるが、もし輸入できなかったら無駄な費用になるのだ。実例を紹介しよう。20年も前の話である。

私がイギリスからグラスを輸入したときのことだ。その当時の私は許可及び検査についてまったく知らなかった。輸入したグラス類が「食品衛生法」の規制を受けることを……。私は、食品でもないのになぜなんだと思ったものである。

「食品衛生法」上では、グラスは深さ、容積、色ごとに検査を義務付けられている。悪いことに、そのときの私のオーダーは実験的なもので、少量多品目に渡っていた。1品目5個で50品目程度の発注であったように記憶している。

検査費用は、1品目が何個であっても同じ金額がかかる。およそ1品目に付き1万200０円程度（当時）だ。しかもご丁寧に50品目全部検査をしなければならないのである。1品目が点になってしまった。その時点でお客様への売値はすでに決まっている。採算も何もあったものではない。笑えない経験である。

無知であることが、いかに怖いことかおわかりいただけたであろう。

第1章 輸入ビジネスって何？ どんなしくみなのか？

■食品衛生法の手続きの流れはどうなっているのか？

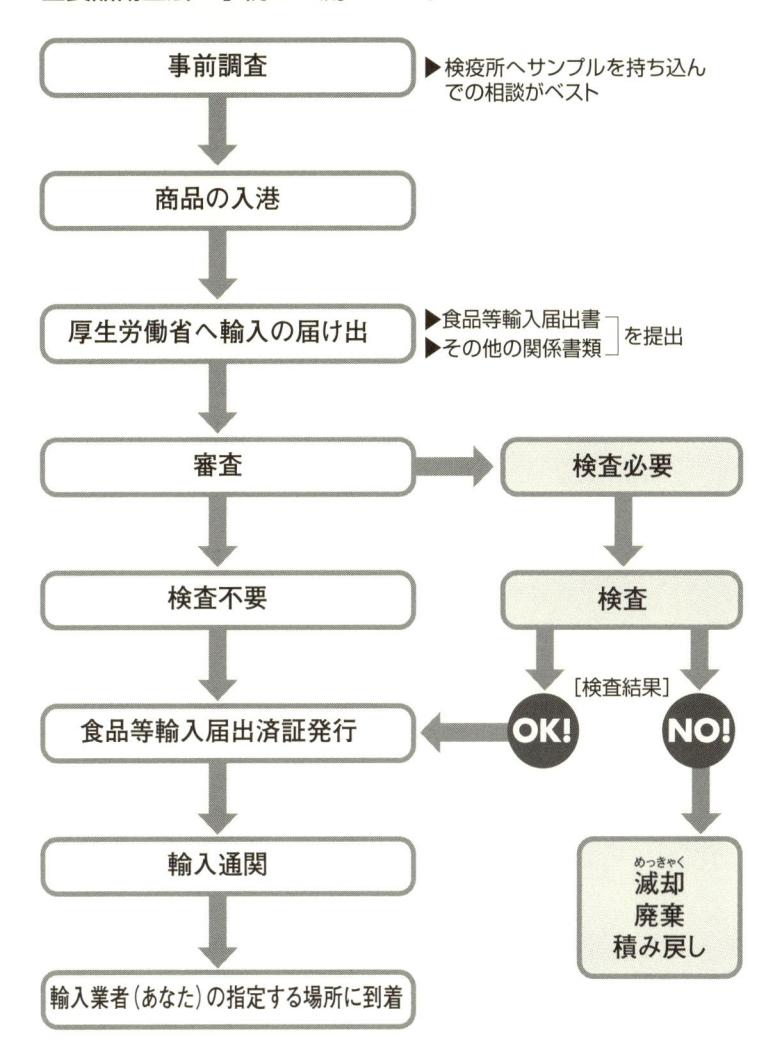

```
事前調査  ▶検疫所へサンプルを持ち込んでの相談がベスト
   ↓
商品の入港
   ↓
厚生労働省へ輸入の届け出  ▶食品等輸入届出書
                          ▶その他の関係書類   を提出
   ↓
審査 ────────────────→ 検査必要
   ↓                        ↓
検査不要                     検査
   ↓                     ↓       ↓
                       [検査結果]
                      OK!        NO!
   ↓  ←──────────────┘           ↓
食品等輸入届出済証発行
   ↓                             滅却(めっきゃく)
輸入通関                          廃棄
   ↓                             積み戻し
輸入業者(あなた)の指定する場所に到着
```

55

第2章 魅力的な商品はどこに眠っているのか?

一体、どんな商品が売れるのか？

一昔前までは、売れる商品の条件と言えば、皆が口をそろえて「良い商品（good）」と言った。今はどうであろう。果たして良い商品であれば売れるのだろうか。

逆に、今の日本市場に「良い商品」ではないものなど、あるのだろうか。そんなものは、もうとっくに淘汰されているのではないだろうか。

そもそも「good」の本当のニュアンスは、まあまあという意味だ。「OK」もまあまあの意味である。意外に思われたことだろう。

私たちが「良い商品」という意味で使うならExcellent（優れた、優秀な）でもまだ不十分である。あなたが探すべきは、圧倒的に差別化されたoutstanding（ずばぬけた、卓越した、飛びぬけた）な商品なのである。そんじょそこらにはない、卓越した商品でなければならないのだ。

有名ブランド商品などは、この典型であろう。しかし有名ブランドも最初からoutstandingだったわけではない。

あなたも、この視点はぜひ覚えておいて欲しい。

58

第2章 魅力的な商品はどこに眠っているのか？

最大のポイントは日本未紹介かどうかだ

お客様は、基本的には新しもの好きである。これは古今東西変わりない真理ではなかろうか。どこのお店へ行っても、「新製品」「New Arrival」「新入荷」などの新しさを強調する広告がいかに多いことか。

この観点からすると、「日本初上陸」という響きはそれだけで魅力的であることがおわかりいただけるだろう。それでは、どうしたら日本未紹介の商品を発掘できるのか。そこを探ってみよう。

一番の方法は、日本人があまり行かない海外見本市に出かけることである。国際見本市の70〜80％はヨーロッパで開催される。そのなかでもドイツは中心的な存在である。当然日本からの来展者も多い。

とくに世界最大の消費財の見本市と称される「アンビエンテ」は、出展者数87か国472３社、入場者112か国14万3521人、屋内展示面積19万平方メートル（2004年度実績）、と圧倒的な規模を誇っている。もちろんこういう展示会はお勧めである。ただし、あなたの多くのライバルもその見本市に行くということを忘れないようにしたい。

ときには、あえてスペイン、ポルトガルなどローカル色の強い展示会に行くこともお勧めする。出展者の多くは自国内向けに軸足を置く業者であるが、とき折り、はっとするメーカーに出会うことがある。初出展のメーカーであったり、創業間もない新しいメーカーであることが多い。

そのようなメーカーはぜひともチェックしたい。即座にアプローチをして、独占販売権での継続的な取り引きの交渉を進めよう。彼らにとっても日本市場にお客様を持っていないのである。交渉も比較的スムーズに進む可能性が高い。

有名人などが実際に愛用しているものはブレークしやすい

マリリン・モンローをご存じない方はいないだろう。彼女にまつわるエピソードは多い。そのなかにこんなシャレたエピソードがある。ご存じの方も多いだろう。

あるインタビュアーがモンローにこうたずねた。

聞き手 「モンローさん、あなたは寝るときに何をお召しになるのですか」

モンロー「シャネルの5番よ」

説明は不要だとは思うが念のためにしておこう。

シャネルの5番とは、言わずとしれたシャネル社の香水のことである。香水を着て眠るとは……説明はもういいだろう。この商品が爆発的にヒットしたことは言うまでもない。

これが普通のCMであったらこんなにヒットしたかどうか。時代を代表するあのマリリン・モンローが愛用していたことに重要性があるのである。

同じような視点で見れば映画などにはヒット商品候補が目白押しである。とくに、主人公が身に付けているもの、使っているものなどは、後々にブレークする可能性を秘めている。あなたのビジネスに必要なものは、娯楽のなかにも潜んでいるのだ。ゆめゆめ忘れるなかれ。

その国の独自の文化の香りがするものも狙い目！

とかく日本人は欧米好きである。とくにヨーロッパに対しては憧れを持つ人が多い。事実、

私自身も小さい頃からヨーロッパへの憧憬を抱いていた。いとこが横浜港の近くに住んでいたこともあって、港にはよく行ったものである。そこで見る外国人を通して、まだ見ぬ遠き異国の地へ思いをはせたものだ。いつの日か彼の地を訪れてみたいなと。

そのときから私の輸入商への道は始まったのかもしれない。すべては憧れから始まることも多いのである。

本筋に戻ろう。

そういった意味では、ヨーロッパの香りのするものはヒットしやすい。とくにイタリア、フランスものは人気が高い。ブランド品などはその最たるものである。アメリカのカントリー＆ウェスタンっぽい雰囲気のものも独自の香りのするものと言えよう。

特許・意匠など知的財産権にからむ新奇性のあるものに注目

基本的に、知的財産権にからむ商品群は注目度が高い。差別化されているからである。

詳細は後述するが、真の商売人ならばできるだけ競合を避けたいと思うものだ。価格のたたき合いはお互いに消耗するだけだということを知っているからである。とくに、小さい会社はこの消耗戦に陥ってはならない。決して彼らの挑発に乗ってはいけない。

知的財産権にからむ商品は、その心配は比較的少ない。首尾よく独占販売権を獲得できれば、おいしいビジネスが約束されるのである。

もちろん、あなたの感性の鋭さとスピードそして交渉術は要求されるのであるが。このあたりのテクニックは第3章で詳しく解説するので楽しみにしていて欲しい。

海外旅行のついでにあちこちのショップを見て歩こう

海外のショップめぐりも新しい商品の宝庫である。あなたの業界、業種のショップは必ずチェックしよう。日本では売られていない商品の一点や二点は必ず見つかるものだ。そういう商品に出会ったら、まず考えるのである。

なぜ今まで、この商品は日本に紹介されなかったのだろうか？
日本での需要はあるのだろうか？

　この二つの質問を冷静に考える必要がある。日本では売れにくい商品であるかもしれないからだ。
　例を挙げよう。
　私が輸入ビジネスに参入したばかりのこと。ある展示会で燭台を見つけた。そう、「レ・ミゼラブル」の中で主人公が教会から盗み出したあの燭台である。私は瞬間的にこれは売れそうだと思った。
　日本市場ではあまり見かけない商品であった。しかも、いかにもヨーロッパの香りがしていて、日本人にも受け入れられると思ったのだ。
　そして私の燭台は店頭に並んだ。ところがさっぱり売れないのである。なぜ売れないのか考えた。そして気づいたのである。文化が違うのだ。
　ヨーロッパの国のなかには食卓の上に燭台を置くという習慣を持つ国がある。それらの国々では絶対的な必需品である。だからそれらの国々では売れるのである。しかし、残念なことに日本にはその習慣がない。単なるオブジェ（飾り）では需要は限りがある。だから誰

■自信満々で輸入したものの……

> 売れないなー

も日本に紹介していなかったのだ。
この視点は重要である。ぜひ自分に問うて欲しい。
私は泣く泣くその燭台をたたき売ったのである。
さてこの二つの質問をクリアできたら、早速メーカーへアプローチしよう。商品にメーカーの連絡先が書いてある場合は、そこに連絡を入れて詳細をつめていけばいいのである。
連絡先がない場合はどうすればいいのか。ずばり、お店の人にどこから仕入れているのかを聞くのだ。
「えっ」と思われたかもしれない。しかし意外にあっさりと教えてくれることが多い。断られてもいないのにあきらめてはいけない。教えるかどうかを判断するのは相手なのである。決してあなたではない。思い切ってさらりと聞くことをお勧めする。

海外の雑誌をできるだけ多く立ち読みしよう

雑誌はトレンドの宝庫である。今その国で何が旬なのかがわかる。できるだけ色々なジャンルの雑誌を見ることをお勧めしたい。旬なものは必ず何冊もの雑誌に繰り返し繰り返し掲載されていることが多いからである。

アパレルを例にとろう。

イタリアンファッションなどは、現地でヒットしたあと1～2年を経て日本でも人気が出るということが多い。現地に出向けるなら、そこで未来を見てくるという感覚だ。しかしそんなに時間がいつもあるわけではない。せめて、あなたの専門分野の雑誌だけでもチェックしよう。パラパラとめくるだけでもいい。きっと何かが見えるはずである。

そして雑誌を見ることをお勧めするのには、もう一つ重要な理由がある。

参考になる海外の雑誌の数々

それは広告を見るということである。これはある意味、雑誌の記事よりも重要な情報を伝えていることが多いのである。

重要なことなのでさらに詳しく述べよう。ポイントは簡単である。

売れている商品は、雑誌のなかで大きなスペースで広告されている。もし売れない商品であれば、それだけの広告スペースをさくわけがない。売れているから大きなスペースで、しかもいくつもの雑誌に出せるのである。

こういった商品を発見したら、即アクションを起こすべきだ。ほんのちょっとのことで勝負が決まるのである。

国内の公的機関で商品を発掘する方法

国内の貿易に関する公的機関は、あなたのために輸入に関する情報提供をしている。個別の具体的な相談に応じてくれるところもある。多いに活用すべきだろう。

それでは、公的機関にはどんな所があるのかを見てみよう。

(1) ジェトロ（日本貿易振興機構）

貿易振興機関としては、日本最大の規模を誇る機関だ。国内に36事務所、海外55か国に事務所を有して、各種情報の提供を行なっている。

ジェトロのホームページにある、ビジネスパートナーを探せる「引き合い条件データベース」（TTPP）は無料で検索・閲覧できる便利なサイトである。

また豊富な資料を取りそろえた「ジェトロビジネスライブラリー」も利用価値は高い。とくに輸出業者名鑑は実用的である。

こまめにホームページを見ることをお勧めする。あなたの役に立つことが必ずあるはずだ。

ジェトロの各事務所では、貿易アドバイザーを配置してあなたの相談に答えてくれるところもある。気軽にコンタクトをすることである。

(2) ミプロ（対日貿易投資交流促進協会）

製品の輸入、とくに小口輸入に関する情報提供を行なっている。

専任の貿易アドバイザーによる小口輸入相談や、海外見本市買い付け商談ミッション、セミナーの開催をしている要チェックの機関である。

68

ジェトロ（日本貿易振興機構）のホームページ
http://www3.jetro.go.jp/ttppoas/indexj.html

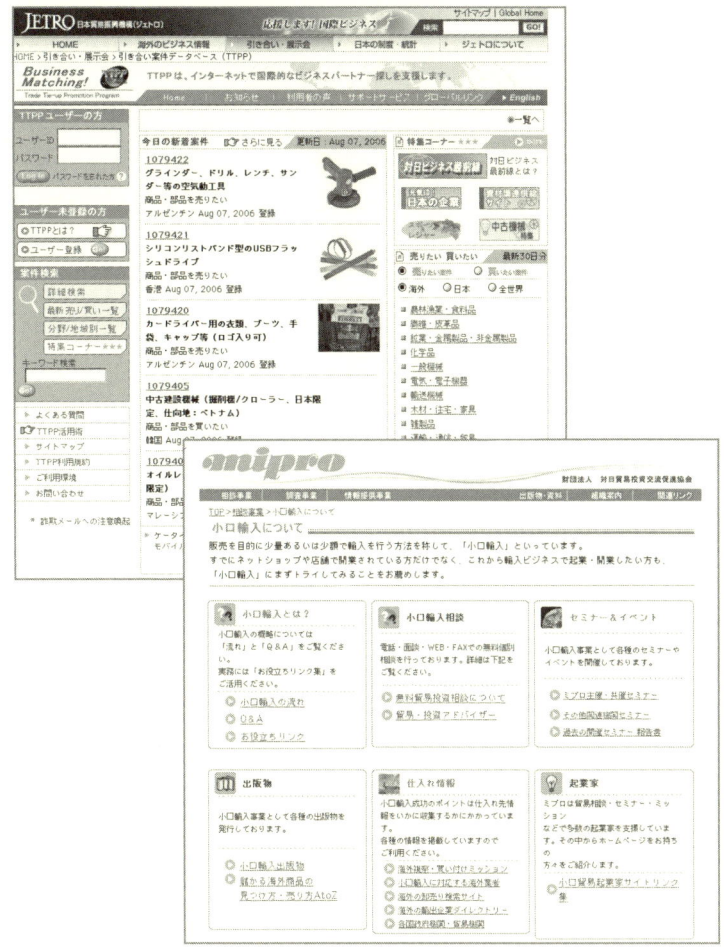

ミプロ（対日貿易投資交流促進協会）のホームページ
http://www.mipro.or.jp/koguchi.html

■国内の輸入に関する公的機関にはどんな所があるのか？

日本貿易振興機構（JETRO）

- ▶引き合い案件データベース（TTPP）
- ▶貿易投資制度・統計の総合検索（J-FILE）
- ▶見本市・展示会データベース（J-messe）

etc.

対日貿易投資交流促進協会（ミプロ）

- ▶小口輸入相談
- ▶セミナーの開催
- ▶海外見本市買い付け商談ミッション
- ▶展示会支援

etc.

各国の在日大使館商務部　州政府事務所

- ▶アメリカ大使館商務部
- ▶スウェーデン大使館商務部
- ▶イギリス大使館商務部
- ▶オーストラリア大使館商務部
- ▶カンザス州駐日事務所
- ▶ジョージア州商務省

etc.

各国の政府機関　貿易機関

- ▶在日ドイツ商工会議所
- ▶スウェーデン貿易庁
- ▶ブルガリア商工会議所
- ▶イタリア貿易振興会
- ▶香港貿易発展局東京事務所
- ▶日本アセアンセンター

etc.

(3) 各国の在日大使館商務部・州政府事務所

敷居が高いと感じるかもしれない。しかしこれらの機関は、自国産品の日本への輸出促進に熱心である。臆せず連絡してみよう。きっと力になってくれるはずだ。

(4) 各国の政府機関・貿易機関

対日輸出に熱心な主要国は、日本に貿易機関を置いている。一度ホームページをのぞいて欲しい。あなたの探している商品に出会えるかもしれない。

これら以外に、商工会議所、地方公共団体などにも各国からの取り引き申し込み（引き合い）が寄せられている。問い合わせをしてみよう。意外な掘り出しものが見つかるかもしれない。

海外の通販カタログを取り寄せる

次は、海外の通販カタログで探す方法である。

ときには開発輸入であなた独自の商品をつくる

欧米は日本と比較して通信販売が発達している。その数は1万社を超えると言われている。通常は、通販業者は一般消費者を対象にしている。しかしなかには、卸売りつまり小売業者を対象にしたプライスリスト（価格表）を用意しているところがある。なお、ミニマムオーダー（最少受注引受単位）をクリアすることを要求されることがあることも承知しておこう。

通販カタログには旬な商品が多い。欧米でのトレンドを見るには最適である。積極的に取り寄せよう。現地での小売り価格をチェックできる観点からもはずせない手法である。未来の日本でのヒット商品の宝庫でもあるのだ。

開発輸入とは何か。一言で言うと、メーカーに、あなたの商品企画で商品を製造してもらうことである。巨大な小売グループの専用商品の意味で使われる「プライベートブランド」（PB）と思ってもらっていいだろう。別名「ストアブランド」とも呼ばれ、日本語では「自主企画商品」という意味で使用され

第2章 魅力的な商品はどこに眠っているのか？

る。私の会社はこれが得意である。メーカーの既製のものに変更を加えて、差別化を図るのだ。

新しくデザインを起こして、メーカーにつくってもらう。とても魅力的ではないか。製造技術やラインを持たなくても自社製品がつくれるのである。しかも最小限のリスクで。

この開発輸入のメリットとデメリットをお教えしよう。

メリット

1. オリジナル商品のために市場での競合がない
2. 競合がないため、少し高めの価格設定ができる
3. 力のある業者だという印象を与えることができる

デメリット

1. オリジナル商品のため、金型などの初期費用がかかる場合がある
2. 同じくオリジナル商品のため、ある程度の発注ボリュームを要求されることがある

以上はあくまで私見だが、それでも私はこの手法をお勧めする。これらのデメリットは、

■開発輸入のメリットとデメリット

メリット	デメリット
1 オリジナル商品のために市場での競合がない	1 オリジナル商品のため、金型などの初期費用がかかる場合がある
2 競合がないため、少し高めの価格設定ができる	2 オリジナル商品のため、ある程度の発注ボリュームを要求されることがある
3 力のある業者だという印象を与えることができる	

差し引き、メリットのほうが大きいのでお勧め

相手との交渉次第でどのようにでもなるからだ。差し引き、メリットだけが残ることになる。開発輸入をお勧めするゆえんである。

仲間との共同輸入も効果的

共同輸入とは文字通り、規模が比較的小さい中小企業が共同して輸入することだ。あなたがもし実験的な輸入をしてみたいのなら、これは便利なシステムである。とくにあまり扱ったことのない分野の商品の場合、最初からリスクを負わなくてもすむ。

通常、少量のサンプル輸入は非常にコストがかかる。しかし共同で輸入すれば、大きなロットとなり仕入れコストが安くなる。そして輸送コストも割安になる。

共同輸入にデメリットがあるとすれば、次回発注のタイミングの問題だろう。仲間で共同で輸入したとしても、それぞれのメンバーの商品が同じスピードで売れるわけではない。つまり、あなたが共同輸入の商品を完売した時点で他のメンバーがまだ在庫を持っていれば、すぐに追加発注できない可能性がある。

もちろん発注はできる。しかし仲間と共同輸入した単価や輸送コストでは手に入らないと

いう意味である。あなたがすでに販売した商品は、共同輸入時のコストをもとに算出したに違いない。商売ベースでの採算が合わなくなる恐れがあるということである。せっかく売れる商品に出会ったにもかかわらず欠品状態が続く、ということになる。いわゆる機会損失である。

この点を踏まえれば共同輸入は抜群の威力を発揮する。

10年前の話をしよう。

ジェトロ福島（日本貿易振興機構福島貿易情報センター）の呼びかけで「福島県共同輸入協議会」の設立に関わったことがある。県内企業の輸入促進の主旨に私の会社も賛同し、私自身は副会長という立場で活動した。

1年に渡る勉強会を経て、私たち会員有志8名はスペインを訪れた。共同輸入を実践するためである。私たちはそれぞれの立場で実験的な発注をして、それを2本の40フィートのコンテナにまとめあげた。輸送コストは発注分量にて公平に按分することにした。私としては、未知の分野を試すいいチャンスになった。

今はこの会の活動はしていないが、そのときの仲間は今でもいい友人である。共同輸入はリスク軽減の手法として今でも実施している業者は多い。

第2章　魅力的な商品はどこに眠っているのか？

■共同輸入のしくみ

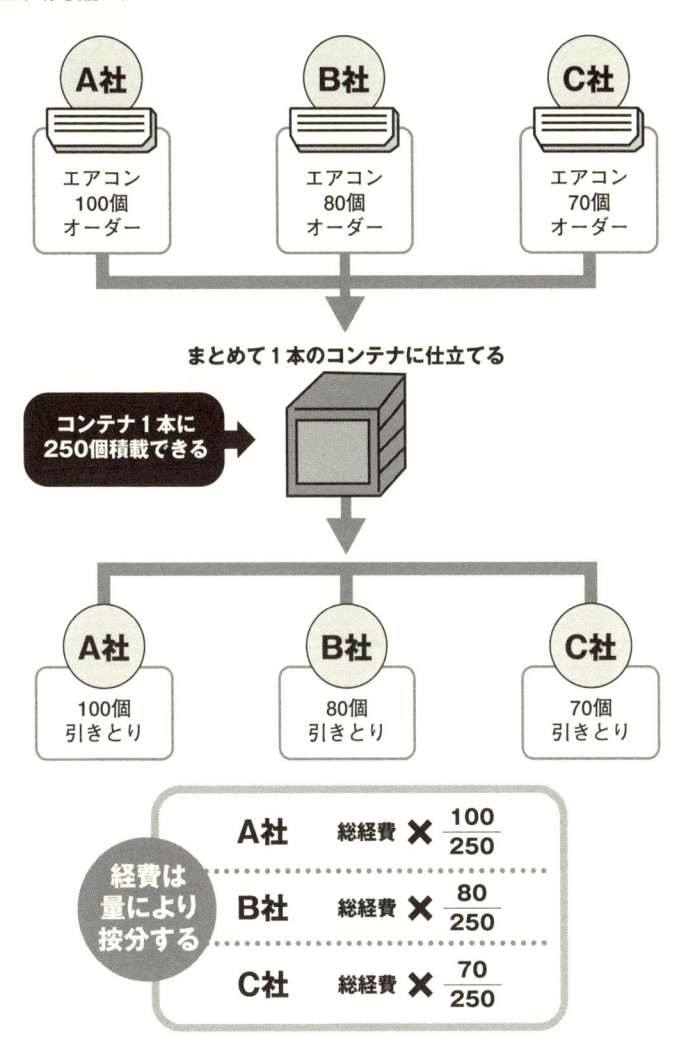

A社　エアコン100個オーダー
B社　エアコン80個オーダー
C社　エアコン70個オーダー

まとめて1本のコンテナに仕立てる

コンテナ1本に250個積載できる

A社　100個引きとり
B社　80個引きとり
C社　70個引きとり

経費は量により按分する

A社　総経費 × $\frac{100}{250}$

B社　総経費 × $\frac{80}{250}$

C社　総経費 × $\frac{70}{250}$

日本で流行しているものを海外でつくる方法

日本市場でロングセラーになっている商品があるとしよう。それはあなたが現在、国産のメーカーから仕入れているものだとする。その場合、もし同じ機能で同じデザインで同様な商品が圧倒的な安価で手に入るなら、あなたはどうするだろうか。

お客様への売価が安定しているものなら、仕入原価が安くなった分だけ、あなたの利益は増える。いかがだろうか。それでも興味ないだろうか。もちろん、あなたの仕入れているその商品が特許や実用新案などの知的財産にからむものではないという前提だ。

利益を倍増させるという観点から輸入ビジネスを考えるのだ。

とくに日用品などの必需品を扱っているなら、この手法はすぐに使える。今すぐ本を読むのをやめて中国へ飛ぶべきである。中国で開催される国際見本市「広州交易会」に行くことをお勧めする。

「広州交易会」は年に2度、春と秋に定期的に催される中国ナンバーワンの展示会である。1957年春に第1回が開催されて以来、一度も中断されることなく第99回を数えている。日用雑貨から工業製品までありとあらゆるものが展示されている。

第2章　魅力的な商品はどこに眠っているのか？

あなたの扱っている商品がこの分野であれば、1度は訪れてもらいたい。

様々な旅行エージェントでもパッケージツアーが多く組まれており、それを使っていくのが面倒がなくていいだろう。文字通り世界中からバイヤーが集まる、まさに注目の展示会である。私も休むことなく13回連続で訪れている。

MADE IN ITALY が実は……

なぜ中国の見本市を1度は訪れる必要があるのか。それには実は別の理由がある。

前述の通り「広州交易会」には実に多くのバイヤーが訪れる。ヨーロッパからのバイヤーも多い。ヨーロッパのバイヤーには、輸入商品を

中国の国際見本市「広州交易会」の様子

探しているのではなくて輸出を担当するバイヤーも多い。勘のいいあなたは気づいたかもしれない。中国から輸入した商品にちょっとした加工を加えてMADE IN CHINAをMADE IN ITALYに変えようとしているのである。ちょっとした加工がほどこされると、まず見分けがつかない。

ある日本のバイヤーはそうした商品の購入契約を結んだ。ヨーロッパの見本市でイタリアの会社の看板を掲げ、商品にはMADE IN MILANO ITALYと書かれているのである。これでは疑えと言うほうが無理だろう。不可抗力としか言いようがない。弁護はこの位でいいだろう。このバイヤーとは、お恥ずかしいが私のことである。

この話だけはあなたにはお聞かせしたくなかった。

「えー本当ですか。ハハハ」という声が聞こえてくるからである。何て「まぬけな」と言われるのがおちだ。現役貿易商で貿易アドバイザーを称するこの私が……である。

一言だけ言わせてほしい。この話はずいぶん昔のことである。今の話ではない。ご安心いただきたい。こんな恥ずかしい話を、なぜあなたにあえてするのか。自分の価値を下げることになるかもしれないのに。黙っていればわからないのに。

海外取引は、ある程度不信感を前提として行なわなければならない場面もあるということ

80

を、あなたに知っておいてもらいたいからである。非常に残念なことではあるが……。

あなたの得意な分野の商品に絞り込め！

あなたには、私のような目にあって欲しくない。

ヨーロッパの見本市にわざわざ行くのだ。中国の見本市ではない。それなりのコストをかけて行く。ヨーロッパ独自のものを輸入したいではないか。

だからあなたは、あなたの自信のある得意な分野の商品に絞り込むべきである。あなたのものを見る眼が確かな分野の商品で勝負すべきだ。ただ単に安いとか、売れそうだという基準だけで選んではいけない。

なぜ、こういう錯角というか間違いが起こってしまうのか。理由がある。見本市に行った者だけが感じる独特の空気があるからだ。

かなりの時間と費用をかけてあなたは意気込んで見本市に出かける。歩いても歩いてもあなたのイメージする商品に出会えないことを想定してほしい。見本市の会期が終わりに近づく。見本市のブースの数が日一日と少なくなっていく……。

あなたは日に日にあせってくる。心の声が次のように叫び出す。

これだけの投資をしたんだ。何も見つけないでは帰れない！

この瞬間からあなたの基準は甘くなっている。商品に対するストライクゾーンが広がっている。そこに悪魔のごとく、前述したMADE IN MILANO ITALY (OF CHINA) の商品があなたの目に飛び込む。

あなたの得意な分野の商品ではないが、ついにめぐり会った美女のように錯角してしまうのだ。完全にあなたの審美眼は大甘になっているのである。

これだけはぜひ覚えておいてほしい。何も見つけられないこともある。駄目なときは、すっと引く勇気も大切だ。せっかく来たのだからなどと、判断基準を下げてはならない。私の本音である。私があなたに得意な分野に絞り込むことをお勧めする理由である。

良いサプライヤーの条件とは？

第2章 魅力的な商品はどこに眠っているのか？

良いサプライヤー（供給者＝輸出業者・メーカーの両方を指す）と会うのはきわめて重要な要素である。サプライヤーの姿勢は、取り引きに重大な影響力を及ぼすからだ。チェック事項を心にとどめてほしい。

(1) 十分な輸出意欲を持っていること

ローカルな海外見本市では、自国向けに出展しているサプライヤーも多い。日本から来たことをはっきり告げ、輸出する意欲があるかを聞く必要がある。とまどいを見せた場合は、やめたほうがいい。取り引きしても、安定供給できないことが往々にしてあるからだ。一度きりの輸入では、あなたのビジネスは採算割れをする。必ずチェックすべきである。

一例をお話ししておこう。

スペインのマドリッドで開催された小さなローカル色濃い見本市に行ったときのことだ。南欧らしい色彩のガラスオブジェを見つけた。地中海の香りのするその商品に一目惚れした。高鳴る胸を押さえながら聞いた。

私「日本から来ました。**輸出向けのプライスを教えてください**」

相手「ちょっと待ってください」

83

私の相手をしたアテンダー（現場で相手をする人）は、ボスらしき男に何やら聞きに行った。そして戻って来てこう言った。

相手「今すぐには出せません。もしお望みなら後ほど」

私は察知した。輸出経験がないのだ。私は彼の言ったif you want（欲しいなら、望むなら）にためらいを感じた。後髪を引かれたがあきらめた。未来のトラブルが見えてしまったからである。

今でもあのときの判断は正しかったと思っている。決して満足のいく取り引きにはならなかっただろう。ときには引くことも重要なのだ。

(2) 日本市場の法的基準を満たせるサプライヤーか？

日本の法的基準を満たせない場合は輸入できない。必ずチェックしなければならない。日本国内には各官庁ごとに様々な規制がある（詳しくは239ページ参照）。それを理解して仕様変更に対応できるかが、キーポイントである。

(3) 要望通りの品質基準に応えられるサプライヤーか？

日本で求められる品質基準はとてつもなく高い。それに応えられるだけの技術を持つかどうかは、はずせないポイントだ。

相手が現在すぐには答えられない場合はどうするのか。会社として取り組むべきであることを次のようにさとすのである。

> 私「世界一厳しい日本の品質基準に対応すれば、世界最強のメーカーになれるのです。そしてそれは貴社の財産になります」

挑戦してみようかという気持ちになるはずである。結果的には自社の品質強化になるのだから。

あなたにとっての いいメーカーの探し方

そもそもあなたにとってのいいメーカーとは何か。たとえば同じような品質・価格帯の商品を持つ複数のメーカーがあるとしよう。あなたは何を基準にメーカーを選ぶべきだろうか。

私だったら相手に日本への輸出の有無をたずねる。

これは次の二つの側面から重要である。

まず第一に日本へ輸出した実績がない場合。

メリットとしては、輸出実績がないとすれば独占販売権（総輸入元）を取れる可能性がある。これは、市場を独占できるという意味では非常に強力な権利となる。商品の知名度アップがそのままあなたの会社の売り上げ増になる。

ビジネスの場ではよくこんなことが起きる。あなたが育てた商品が売れ始める。するとすぐに同じ商品を販売する強力なライバルが出現する。これは輸入ビジネスに限ったことではない。基本的にはメーカーや輸出業者はできるだけ多くの販売チャネル（販売先）を持ちたいと思っているからである。止めようがない。

しかし独占販売権はこういったことを防ぐことができる。あなたは安心して販売に取り組

第2章 魅力的な商品はどこに眠っているのか？

■いいサプライヤーの条件とは？

要 Check!

- ✓ **十分な輸出意欲を持っていること**

- ✓ **日本市場の法的基準を満たせるサプライヤー**（供給者＝メーカー・輸出業者の両方を指す）**か？**

- ✓ **あなたの要望通りの品質基準に答えられるサプライヤーか？**

> この中の1つでも満たせなければ、すぱっとあきらめよう。長い付き合いにはならないよ

めるのだ。
続いてデメリットである。
輸出の実績がないということは日本市場の特性を知らないと言える。日本市場の特異性と言ってもいいかもしれない。その特性とは品質に関するきわめて厳しい基準である。彼らに言わせれば日本人は異常なほどにチェックが細かいのだそうである。私からすれば、彼らが大ざっぱ過ぎると思うのだが。

さらにデメリットとしては、商品のパッケージに関する考え方の違いがある。私たち日本人はきれいなパッケージ、ギフト箱包装など、外装も含めて一つの商品として考える。その点、海外では外装には意外に無頓着である。どうせ捨てるものだという感覚があるからだろう。高額な商品が簡易なエアキャップに包まれているだけなどということもしょっちゅう起きるのである。

必ず、どのように梱包・包装されるのかを事前にチェックしてほしい。絶対に確認すべきポイントである。そして日本市場の特性を理解してもらい、あなたの指示を聞いてもらう努力をしなければならない。これがなかなかやっかいな仕事なのだが……。

ほとんどの場合、「世界中に輸出しているがそんなことは言われたことがない」の一点ばりのことが多い。根気よく説得してほしい。

第2章　魅力的な商品はどこに眠っているのか？

第二に、日本へ輸出した実績がある場合を考えてみよう。メリットとしては次のことが挙げられる。

前記とは逆に、日本市場の品質基準を理解しているので、くどくど説明する必要がない。包装などについてもすでに指導されているので取り引きがスムーズに流れやすい。

デメリットを述べよう。

慣れていればいるほど、日本国内に取引先が多いということを意味している。簡単に言おう。それだけライバルが多いということだ。何とも痛しかゆしというところである。

もちろん、独占販売権など彼らにとっては論外だろう。しかしこの場合でも方法がないわけではない。あなたが企画・デザインした商品を特注生産（OEM＝相手先ブランドによる生産）させて、それらの商品についてだけ独占販売権を取ればいいのである。あなたのアイデアだからメーカーも同意せざるをえない。

それでは、なぜオリジナル生産をするのか。それは二点ある。

一点目は競争を避けるため。二点目は粗利の設定を高くできるからである。

結論を言おう。日本市場を理解しているメーカーにオリジナル商品を発注して独占的に輸入する。この方法が私の経験からすると最もいい方法である。

第3章 相手が思わず「YES」と言ってしまう〈実践〉交渉術!

日本式の謙譲の美徳なんて必要ない

 文化・習慣の違いだろうか。私たち日本人は、とかく交渉が苦手である。いや、下手と言ってもいいだろう。そもそも、議論や交渉はしなければそれで済ませたいと思っている人の何と多いことか。
 外国のビジネスマンは違う。彼らはダメでもともと、といった軽い感じでズバズバと自分たちに都合のいいことを要求するのである。ただし彼らは最初から要求が全部通ると思って要求しているわけではない。自分なりの落としどころを決めてから交渉にあたる。おおよそ落としどころの倍ぐらいのところから始まるのである。
 日本人は彼らのその迫力に圧倒されてすぐに「YES」を言ってしまいがちだ。これでは交渉にならないであろう。言いたいこと、正当な要求をもっと堂々と主張すべきだ。発言しないのは、権利の放棄に等しい。
 日本人の謙譲の美徳など到底、理解されないことを知るべきだ。憶せずはっきり主張すべきである。

「男は黙って」や「俺の目を見ろ」はもっと通じない

日本人同士の交渉の場合、要求をダイレクトに主張するのは不粋などと感違いしている人が多い。お互い何も言わずに目と目を見合わせて「ウン」「ウン」とうなづきあう。そんな関係がベストと言う人もいるくらいだ。わからないわけではない。しかし、ちょっと待ってほしい。それは夢物語である。

対人距離論で有名な米国の人類学者E・T・ホールが異文化を理解するために興味深い概念を紹介している。それは、ハイコンテクスト文化とローコンテクスト文化という概念だ。コンテクスト（context）とは、文脈、前後関係、状況、背景という意味である。とてもおもしろい概念だ。これがわかると、あなたの交渉術は飛躍的にアップする。心して聞いてほしい。

ローコンテクスト文化のコミュニケーションでは、言語そのものに情報の大部分が詰め込まれている。一方、ハイコンテクスト社会におけるコミュニケーションでは、言語以外の状況、背景を総合して判断する必要があるというのである。

つまり、相手の表面上の発言だけではなく、発せられた状況や言外の意味を考慮する必要

があるということだ。

具体的な例で説明しよう。

あなたがお客様のご子息の結婚式に参列したとしよう。後日そのご子息からお礼状をもらったと仮定する。そこにはこう書かれてあった。

「お近くにお越しの際はぜひお立ち寄りください」と。あなたは本当に〝お立ち寄り〟になるだろうか。まず行かないだろう。本当に親しい間柄なら別であるが……。普通は行かないほうが礼にかなうと思うだろう。私も同感である。これが日本人的な考え方、つまりハイコンテクストな世界である。

一方、同じお礼状を欧米人がもらったとしよう。ローコンテクストな彼らは喜んで本当にやって来るのである。そのような経験のある人は多いだろう。もちろん私も経験した。一般的な話ではあるが、日本を含めたアジア、中近東はコンテクストが高く、欧米諸国はコンテクストが低い。もちろん、どちらが上でどちらが下という話ではないが。

コンテクストの高い国では、取り引き開始の際、相手の人柄、信用、風評など、欧米的な価値判断からすると非合理的な基準を尺度にする傾向がある。一方、コンテクストの低い国では契約、文書化されたもの、記録などの合理的な基準で判断する。

第4章で詳述するが、欧米社会での契約書の絶対性はこのような考え方から由来するもの

■ローコンテクスト文化とハイコンテクスト文化の比較

	ローコンテクスト文化	ハイコンテクスト文化
❶ 弁護士	重要視される	重要視されない
❷ 競争入札	あたり前	少ない
❸ 約束	文書	言葉
❹ 組織の責任	担当者	最高責任者
❺ 交渉	迅速	緩慢
❻ 国	米国・北欧諸国	日本・アジア・中近東諸国

> そうなんだよね、おもしろいね。
> 日本には、社交辞令っていう習慣があるからね

出典：『実践国際ビジネス教本』ジェトロ編、WEIS刊

なのである。

日本人的な「男は黙って」や「俺の目を見ろ、何も言うな」などという浪花節的な考えは、理解のされようのない世界なのである。

自分をいかにアピールできるかが勝負

交渉時に大切なことの一つに、自分をいかにアピールするかということがある。前述のように、謙遜(けんそん)するとあなた自身が過少評価されてしまう危険性がある。

日本人の多くは、自己アピールやパーソナルブランドの打ち出し方が得意ではない。嘘はいけないが、あなたの良い所を強烈にアピールすることは、決して悪いことではない。自信なさげな態度や奥ゆかしさは逆に相手の不信感をあおることが多い。堂々とあなたやあなたの会社のセールスポイントを強調して交渉を有利に進めるべきである。

小さな企業が大企業に勝つことができるのが、輸入ビジネスの世界である。自分自身で少し恥ずかしいぐらいの自己（自社）アピールが、彼らとの交渉の場では丁度いいのだ。相手の立場になればすぐにわかるはずである。

第3章 相手が思わず「YES」と言ってしまう〈実践〉交渉術！

一瞬で海外サプライヤーと仲良くなるメソッド

あなたのもとに二人の見込み客が訪れたとしよう。
一人は「私はこれだけ実績をつくります」とのオファー。もう一人は「どこまでやれるかわかりませんが取り引きしたい」とのオファー。
あなたならどちらを選ぶか。明白に前者であろう。

■あなたならどちらの見込み客を選ぶ？

> 私はこれだけの実績をつくりますよ！

> どこまでやれるかわかりませんが、取り引きしたいです

海外においては、サプライヤー（供給者）とバイヤー（買い手・輸入業者）はほぼ対等な関係にあると考えられている。
日本に以前あったような「お客様は神様です」的な発想はない。五分と五分のパートナー

シップが最高の関係と信じられているのである。したがって、いかにも「客然」とした態度は嫌われる。

私の貿易商の友人の話をしよう。もちろん実話である。

サプライヤーを「ばかやろう」呼ばわりして取り引きがなくなって困り果てた友人がいた。彼にしてみれば、国内取り引きのときのような軽い気持ちで言ったのである。十分に気をつけなければならない。

では、本題に入ろう。

プロローグでお話しした通り、コミュニケーションの93％は言語以外（ノンヴァーバル）の要素で決まってしまうのである。そうであれば、それを最大限に利用しない手はない。

相手の目をじっと見て微笑みを浮かべてNice to meet you（会えて嬉しい）、そして相手の手をぐっと握る。本当にこれだけである。これで一瞬にして打ち解ける。

ましてあなたは、相手に利益を与えるかもしれない見込み客なのだ。どうして嫌いになれようか。私の経験上お勧めするベストの方法である。

「独占販売権」獲得のための秘密の説得術

第3章　相手が思わず「YES」と言ってしまう〈実践〉交渉術！

独占販売権とは何か。なぜこの権利が不可欠なのか。そしてこの権利を獲得するための秘密の説得術とは。

一つひとつじっくり見ていこう。あなたのビジネスの未来を左右する重要な内容である。

独占販売権によってあなたのビジネスは加速進化する。

独占販売権とは、日本においてあなたの扱い商品をあなた一人で独占的に販売することが約束された権利である。日本市場においてライバル不在ということである。いい響きではないか。安心して販売促進活動ができるのである。

あなたが発掘して育てた商品が、努力のかいあって売れ始めたとたんに、競合相手が参入することはよくあることだ。これはできれば避けたい状況であろう。あなたの営業活動の成果を横取りされるようなことがあってはならない。

だからこの権利は不可欠なのだ。

では、独占販売権を獲得するためには、どのように交渉を進めていけばいいのか。

基本的には、あなたとサプライヤーの利益は反する。あなたは、市場を独占したいと思っている。一方サプライヤーは、一つの市場に複数の取り引き相手を持ちたいと思っている。

なぜか。サプライヤーにすれば、相手が多ければ多いほど売り上げが上がると思っているからだ。これはある意味では真理ではあるが……。

だからこそ順序立てて説明し、あなた一人に任せることの利を説くのである。具体的には、次の手順で進めるといいだろう。輸出先を一社に絞ることによるメリットを伝えるのだ。

日本に複数の顧客を持てば、瞬間的に売り上げが上がることは事実だ。しかし狭い市場である。必ず競合が起きる。競合の多い商品は、誰でも嫌である。一社そしてまた一社と手を引いていく。結局は、日本市場では誰も本気で取り組まなくなる。

このことをサプライヤーに強調するのだ。

それでもいいのかと。

あなたは、そこで次のようにとどめを指すのだ。

私「私にまかせれば、継続的に拡販できる」

さらに、あなたは次のようにたたみかける。

あなたがその商品の分野でいかに優位性を持っているか、そして経験があるか、を熱く語るのである。

最後は、具体的な販売目標数字（セールスターゲット）を示す。

■「独占販売権」獲得のための説得手順とは？

1 輸出先を1市場当たり1社に絞るメリットを伝える

↓

2 その1社が自社（あなた）である必要性を説く

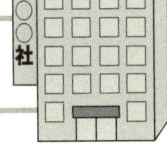

↓

3 その1社があなたでない場合のデメリットでたたみかける

↓

4 あなたの市場での優位性を再度、強調する

↓

5 具体的な販売目標数字（セールスターゲット）を示す

↓

6 契約書にサインをしてもらう

これで相手は、あなたにかけてみようと決断するのである。

ただし、販売目標数字を示す場合、あくまで目標（ターゲット）であることを強調しなければならない。販売保証数字（セールスギャランティー）ではないことを、初めに明確にする必要がある。後々のトラブル回避のためである。

国内の国際見本市の展示品で儲ける㊙テクニック

あなたに"10倍儲かる"商品を仕入れる際の㊙テクニックを伝授しよう。私が実際に使った手法で保証付きである。

結論から言おう。海外出展者のブースの商品をまるごと買うのだ。

「えー、何？」と言うあなたの声が聞こえてきそうである。

それはこういうことだ。出展者が自国よりサンプルとして持ち込んだ商品を、驚くような破格値で1品残らずまるごと買い取るのだ。

1品いくらではない。全部でいくらというオファーを出す。「1品残らず」がキーワードになる。とくにあなたが雑貨・家具類を取り扱うのであれば、お勧めのテクニ

第3章　相手が思わず「YES」と言ってしまう〈実践〉交渉術！

ックである。

商品内容は、ほとんどが新作しかも全品1点ずつだ。すでに小売店を開店もしくは新しく開店させる計画をお持ちのあなたなら、最高に威力を発揮するテクニックである。あなたが小売業の場合、商品は多品種少ロットを望むであろう。しかも値段は驚くほど安いのだ。一体全体どの位安く買えるのか。お知りになりたいであろう。

私の会社の例で示そう。

相手との交渉にもよるが、最低20〜30％引きから始まり、50％引きなんてこともある。あるメーカーのブースにいたっては、1ブース（3m×3m）を20万円で買ったこともある。末端小売り価格400万円相当の商品であった。

それをそのまま1品残らず私のお客様に転売した。そのお客様にはどれほど感謝されたことか。

さらに素晴らしいことには、サプライヤーにも大喜びしてもらえる。彼らにとっても、また梱包して本国に送り返す手間とコストが省けるからだ。

いわゆるウィンウィン（WinWin）な関係の構築である。

もちろんすべての出展者が応じるとは限らない。しかしやってみる価値のあるテクニックだとは思わないか。どちらにとってもいいオファーなのだから。

103

サンプルを無料にするとっておきの方法

安価な商品であれば、無料でサンプルを送ってくれるサプライヤーもいないわけではない。しかし通常であるとサンプルは有料である。無差別に配られる宣伝用のものは別であるが。サンプルについては、コストの負担は大きく次のように分かれる。

(1) サンプル・送料ともに有料
(2) サンプルは無料、送料は有料
(3) サンプルは有料、送料は無料
(4) サンプル・送料ともに無料

商品が高額なものであれば、(1)であろう。安価なものである場合は、(2)と(4)が多い。私の経験では(3)は少ない。海外からサンプルを送る場合、送料のほうがサンプル代よりも高くつくことが多いからだ。一番多いパターンは、サンプルは無料でいいが、送料はもって欲しいというものである。相手の立場を考えれば当然であろう。要求されたサンプルを全部

送料持ちで送っていたら、大変なコストになるからである。

ここからが、とっておきの方法である。

もともとあなたの目的は、サンプルをもらうことではない。そのサンプルで見込み客との商談をすることだ。だからいったん、相手の言う条件でサンプルを取り寄せることである。

相手の条件が(1)であってもである。

そして次のように言うのだ。

> あなた「わかりました。その条件でいいです。しかし本発注の際にサンプル代と送料分を値引きしてほしい」

どうであろう。非常にフェアに聞こえないだろうか。相手にとってリスクはない。発注があったときに値引きをすればいいだけである。

私は、この申し出を断られたことは、ただの一度もない。

関税を安くするベストな方法

関税。何やら難しそうな響きである。あなたはきっとそう思われたであろう。関税とは何か。どういった目的のためにあるのか。安くする方法とは――。

準備はいいだろうか。では始めよう。

関税とは、国境または経済的境界を通り過ぎる貨物に課される税を言う。つまり外国からの輸入品にかかる輸入税を指している。

関税は以前、国の財源調達の一手段であった。現在では、輸入品に関税をかけることによって、輸入品の価格を調整して国内産業を保護する側面が強くなっている。

関税率は、相手国や商品によって異なり、非常に細分化され複雑である。実務的には商品が決定してから、到着予定の税関に問い合せて調べてもらうのがベストである。

次は、関税を安くする方法を伝授しよう。

結論から言おう。「特恵関税制度」（GSP）を使うのである。

特恵関税制度とは、開発途上国（発展途上国）からの輸入品について、低い税率の適用もしくは無税になる制度だ。開発途上国の経済発展促進支援のためである。これは知って得す

■関税率の例

番号	統計細分	品名	基本	WTO協定	特恵
33.01		精油(コンクリートのもの及びアブソリュートのものを含むものとし、テルペンを除いてあるかないかを問わない。)、レジノイド、オレオレジン抽出物、精油のコンセントレート(冷浸法又は温浸法により得たもので、油脂、ろうその他これらに類する物品を媒質としているものに限る。)。精油からテルペンを除く際に生ずるテルペン系副産物並びに精油のアキュアスディスチレート及びアキュアスソリューション			
		精油(かんきつ類の果実のものに限る。)			
3301.11	000	ベルガモットのもの	無税	(無税)	
3301.12	000	オレンジのもの	無税	(無税)	
3301.13	000	レモンのもの	無税	(無税)	
3301.14	000	ライムのもの	3.2%	(3.2%)	無税
3301.19	000	その他のもの	3.2%	(3.2%)	無税
		精油(かんきつ類の果実のものを除く。)			
3301.21	000	ゼラニウムのもの	無税	(無税)	
3301.22	000	ジャスミンのもの	3.2%	(3.2%)	無税
3301.23	000	ラベンダー又はラバンジン	3%	(2.2%)	無税
3301.24	000	ペパーミント(メンタ・ピペリタ)のもの	3.2%	(3.2%)	無税
3301.25		その他のミントのもの			
		1ペパーミント油(メンタ・アルヴェンシィスから採取したものに限る。)			
	011	(1)政令で定める試験方法による総メントールの含有量が全重量の65%を超えるもの	無税	(無税)	
	019	(2)その他のもの	9.6%	9%	5.4%
	020	2 その他のペパーミント油	3.2%	(3.2%)	無税
	030	3 その他のもの	3%	(2.2%)	無税
3301.26	000	ベチベルのもの	無税	(無税)	
3301.29		その他のもの			
	100	1 ベイ葉油、カナンガ油、けい皮油、シダー油、シトロネラ油、丁子油、ユーカリ油、小ういきょう油、大ういきょう油、プチグレン油、ローズマリー油、ローズウッド油、びやくだん油、イランイラン油、けい葉油、ジンジャグラス油、パルマローザ油、タイム油、牛樟油、レモングラス油及びパチュリ油	無税	(無税)	
	220	2 芳油	2.5%	2.2%	無税
	230	3 その他のもの	3.2%	(3.2%)	無税
3301.30	000	レジノイド	無税	(無税)	
3301.90	000	その他のもの	無税	(無税)	
3302		香気性物質の混合物及び一以上の香気性物質をもととした混合物(アルコール溶液を含むものとし、工業において原料として使用する種類のものに限る。)並びに香気性物質をもととしたその他の調製品(飲料製造に使用する種類のものに限る。)			
3302.10		食品工業又は飲料工業において使用する種類のもの			
	100	1 アルコール分が10%以上のもの	6.2%	無税	無税

出典:財務省関税局「実行関税率表(2006年4月版)第6部化学工業(類似の工業を含む)の生産品 第33類 精油、レジノイド、調製香料及び化粧品類」

る制度だ。

では、開発途上国とはいかなる国か。主な国を次ページに挙げておく。あなたの商品が、これらの国を原産地とするなら利用しない手はない。

特恵関税を受ける手続きと適用されやすくするコツ

特恵関税を受けるために必要な手続きを詳述する。

まず第一に、あなたは輸出者に「原産地証明書」（Certificate of Origin）の発行を依頼しなくてはならない。この証明書には次のような厳格な要件が必要とされる。

(1) Form A 様式であること
(2) 発行者は商工会議所、輸出国税関またはしかるべき機関であること
(3) 輸出前に発行されたものであること
(4) インボイス（納品・請求書）の輸入品目が証明書と一致すること
(5) 輸出国の登録のスタンプおよびサインがあること

■特恵関税が適用される国とは?

アジア

中華人民共和国(香港地域及びマカオ地域を除く)、インドネシア、インド
タイ、ベトナム、フィリピン、スリランカ、パキスタン、ミャンマー、モンゴル
バングラディッシュ、キルギス、タジキスタン、トルクメニスタン　etc.

ヨーロッパ

ルーマニア、モルドバ、ベラルーシ、マケドニア
ブルガリア、クロアチア、ウクライナ、ジブラルタル、セルビア・モンテネグロ
アルバニア、ボスニア・ヘルツェゴビナ　etc.

南北アメリカ

ブラジル、アルゼンチン、ジャマイカ、パナマ、ホンジュラス、コロンビア
メキシコ、チリ、ハイチ、エルサルバドル、ウルグアイ、スリナム、コスタリカ
ベリーズ　etc.

アフリカ

ガーナ、エジプト、タンザニア、シエラレオネ、カメルーン、チュニジア
ナイジェリア、ナミビア、モロッコ、スーダン、マラウイ、トーゴ、マリ、ボツワナ
etc.

中近東

イラン、レバノン、イラク、サウジアラビア、ヨルダン、アフガニスタン、シリア
イエメン、トルコ　etc.

オセアニア

フィジー、サモア、ギニア、トンガ、キリバス、パラオ、バヌアツ　etc.

(6) 修正された場合は、発給機関の修正印が押してあること

いかがだろうか。少し専門的過ぎるかもしれない。しかし、このことによって節税できるのである。正確な要件は必要なのだ。節税のためにしっかりと覚えておこう。

次に、輸出業者にForm Aを要求する英文を紹介しておく。このまま使ってもらいたい。

> G.S.P Certificate of Origin Form A issued in 相手の国名 on or before B/L date in one original and 2 copies.

最後に1つ注意事項を言っておこう。

特恵関税制度は、国内の産業保護のために、輸入量がある一定の限度枠を超えた場合、適用を停止されることがある。しかしこの場合でも確実に適用を受けるための秘策があるのだ。これも裏技的な手法なのだが公開しよう。特恵関税の限度枠の適用期間は4月から3月までになっている。だから輸入の申告は、年度の初めにすれば確実に適用されるということである。4月や5月の早いうちに、という意味だ。もし、あなたの貨物が3月末到着のものであれば、申告を4月にずらして適用を受けるのだ。知っていて損はない。

第3章 相手が思わず「YES」と言ってしまう〈実践〉交渉術！

■原産地証明書（Form A）のサンプル

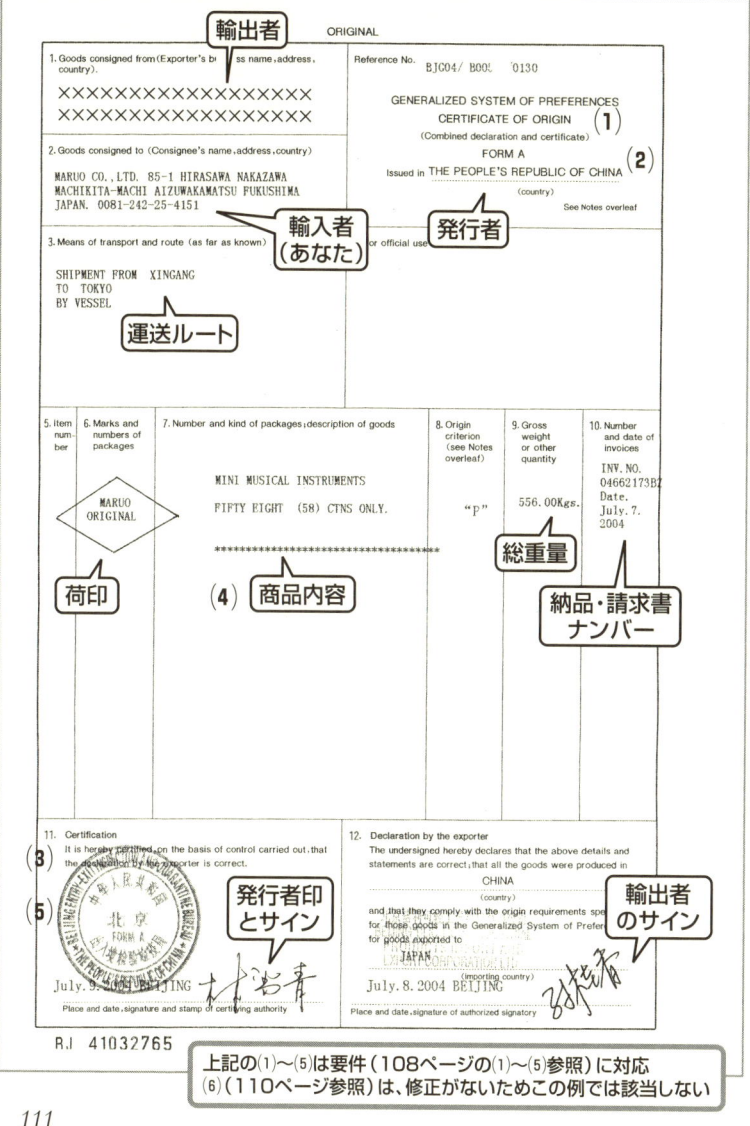

ORIGINAL

輸出者
1. Goods consigned from (Exporter's business name, address, country).

XXXXXXXXXXXXXXXXXXX
XXXXXXXXXXXXXXXXXXX

Reference No. BJC04/ BOO□ 0130

GENERALIZED SYSTEM OF PREFERENCES
CERTIFICATE OF ORIGIN **(1)**
(Combined declaration and certificate)

FORM A **(2)**
Issued in THE PEOPLE'S REPUBLIC OF CHINA
(country)
See Notes overleaf

2. Goods consigned to (Consignee's name, address, country)

MARUO CO., LTD. 85-1 HIRASAWA NAKAZAWA
MACHIKITA-MACHI AIZUWAKAMATSU FUKUSHIMA
JAPAN. 0081-242-25-4151

輸入者（あなた）　**発行者**

3. Means of transport and route (as far as known)

SHIPMENT FROM XINGANG
TO TOKYO
BY VESSEL

運送ルート

5. Item number	6. Marks and numbers of packages	7. Number and kind of packages; description of goods	8. Origin criterion (see Notes overleaf)	9. Gross weight or other quantity	10. Number and date of invoices
	MARUO ORIGINAL (荷印)	MINI MUSICAL INSTRUMENTS FIFTY EIGHT (58) CTNS ONLY. ************************** **(4) 商品内容**	"P"	556.00Kgs. **総重量**	INV. NO. 0466217 3B□ Date. July. 7. 2004 **納品・請求書ナンバー**

11. Certification
(3) It is hereby certified, on the basis of control carried out, that the declaration by the exporter is correct.

(5) 〔発行者印とサイン〕

July. 9. 2004 BEIJING
Place and date, signature and stamp of certifying authority

12. Declaration by the exporter
The undersigned hereby declares that the above details and statements are correct; that all the goods were produced in

CHINA
(country)
and that they comply with the origin requirements specified for those goods in the Generalized System of Preferences for goods exported to

JAPAN
(importing country)

輸出者のサイン

July. 8. 2004 BEIJING
Place and date, signature of authorized signatory

R.I 41032765

上記の(1)〜(5)は要件（108ページの(1)〜(5)参照）に対応
(6)（110ページ参照）は、修正がないためこの例では該当しない

第4章 契約時に陥る罠とスムーズな代金決済・輸送法

相手が送ってくる契約書にはサインするな！

第4章では、初めての人が最も苦手とする分野を説明する。ずばり「契約」「決裁」「輸送のやり方」「通関」である。とくに契約については、これほど私たちになじまないものはないかもしれない。まずは契約のときの注意点とトラブル回避のノウハウを伝授する。

あなたは、商品を発掘した、サンプルを確認して品質も確かめた、すると流れとして次はいよいよ契約となる。

日本では一部の大企業は別だが、中小企業は契約書を交わしての取り引き自体が少ない。その結果、契約書に関しては、海外メーカーほど知らないのが実態である。

通常、売買契約書は、あなたもしくはメーカーのどちらで作成してもいいことになっている。そのため、どうしても先方が送ってきた契約書にサインをするケースが多い。よく読みもせずに……そしてその結果あとで泣くことになる。

私もそうだった。大多数の人が契約書など作成したことがないので無理もない。実例でお話ししよう。私が中国から陶磁器製の人形を輸入したときのことである。会社に着いたコンテナを開けて商品をチェックしてまず驚いた。手元のサンプルと人形の

顔がまったくといっていいほど違うのである。

早速、中国のメーカーにその旨の連絡をとり事情を説明した。彼らはそんなことはないと言い張った。私は、サンプルと到着した商品の二種類をデジカメで写真を撮り、メールで送った。確認させるためである。そして彼らの返事を待った。

来た答えは「大体似ている」とのことであった。私は唖然とした。

大手通販会社での販売の日はもうすぐそこまで迫っていた。事前にサンプルの写真が掲載されており、カタログには届いた現物と顔がまったく違うサンプルの写真が掲載されていた。

冷や汗が出た。すぐに通販会社の担当者に電話をした。

私　　　「サンプルと現物の顔がちょっと違うのですが、いかがいたしましょうか」

担当者　「全然違うのですか？　それともちょっとですか？」

私　　　「見方によると思います。今手元のサンプルと比べているのですが、やはり違うような気がします」

担当者　「わかりました。写真の下に、手づくりのため多少写真と異なります、の一文を入れましょう。しかしペナルティは払ってくださいね」

私　　　「助かります」

そして中国のメーカーにクレームを申し立てた。商品の交換、値引きを要求した。しかし相手も頑として非を認めない。じゃあ出るところに出て決着をつけようということになった。私には勝つ自信があった。

しかしここからがいけない。何と契約書には、裁判は中国の法に基づき中国で行なう、との文言があり、それに私のサインがあるではないか。私は観念した。莫大な時間と経費を無駄にするわけにはいかない。今回は私の負けを認め、訴訟を取り下げた。

それ以来、私は相手の送ってくる契約書にサインをしたことはない。苦い思い出である。あなたに同じ失敗をしてほしくない。あなたにとって都合のいい契約書をつくるべきである。

契約書の ここをチェックしよう！

契約書には送られて来たものを読む際または作成時にチェックするポイントがある。

ここでは契約書を作成する視点で解説していく。契約書の表面（表面約款(ひょうめんやっかん)）に記載する個別条項の代表的なものは次の通りである。番号は118ページにある書式の数字に合わせた。なお契約書は裏面（裏面約款(りめんやっかん)）に一般条項を記すことが書式を参照しながら読んでほしい。

多い。

1. 品名 (Article)

品名を簡潔に記載する。118ページのサンプルでは、品目が多いので別紙のOrder Sheet（オーダーシート・注文書）を添付したので参照するようにと指示をしている。この場合、次のように記載する。

As per the attached Order Sheet（添付の注文書通り）

2. 品質条件 (Quality)

重要な部分である。後述するように後日最も相手とのトラブルの争点になる項目である。注目してほしい。本格輸入の前に必ずサンプルを入手しておく。そして次のように記載する。

As per the samples submitted（提出されたサンプル通り）

■契約書のサンプル1枚目（本紙）

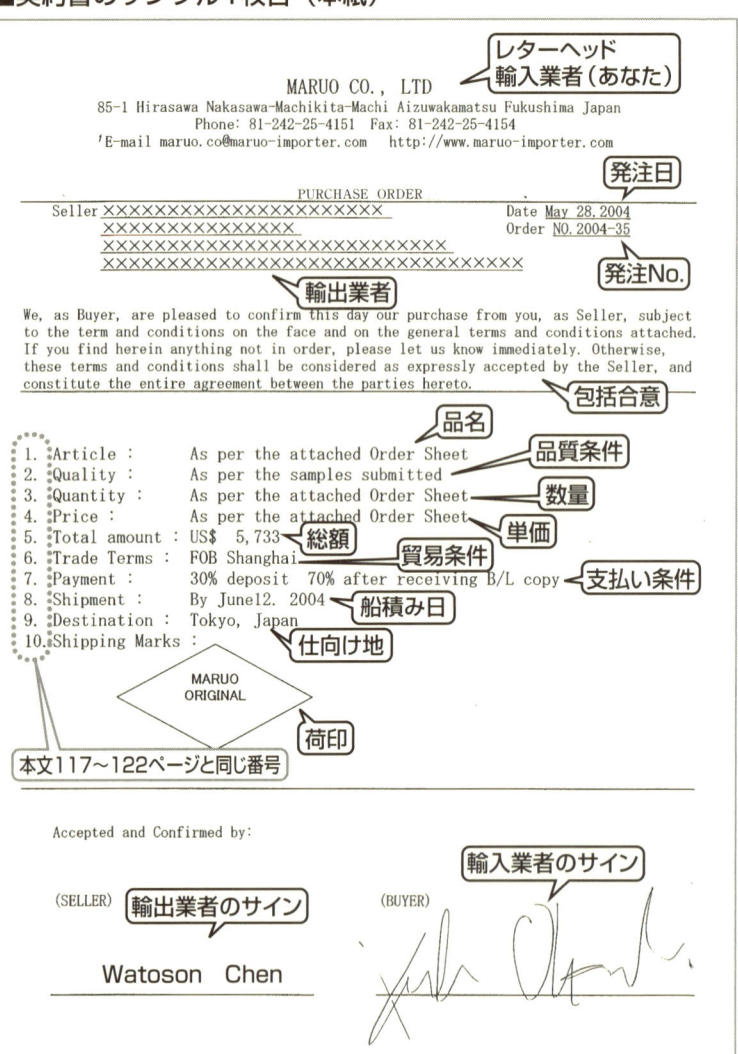

MARUO CO., LTD ←　レターヘッド／輸入業者（あなた）
85-1 Hirasawa Nakasawa-Machikita-Machi Aizuwakamatsu Fukushima Japan
Phone: 81-242-25-4151 Fax: 81-242-25-4154
E-mail maruo.co@maruo-importer.com   http://www.maruo-importer.com

PURCHASE ORDER

Seller XXXXXXXXXXXXXXXXXXXXXX   Date <u>May 28, 2004</u>　←　発注日
　　　　XXXXXXXXXXXXXXX   Order <u>NO. 2004-35</u>　←　発注No.
　　　　XXXXXXXXXXXXXXXXXXXXXXXXX
　　　　XXXXXXXXXXXXXXXXXXXXXXXXXXXX
　←　輸出業者

We, as Buyer, are pleased to confirm this day our purchase from you, as Seller, subject to the term and conditions on the face and on the general terms and conditions attached. If you find herein anything not in order, please let us know immediately. Otherwise, these terms and conditions shall be considered as expressly accepted by the Seller, and <u>constitute the entire agreement between the parties hereto.</u>　←　包括合意

1. Article   :   As per the attached Order Sheet　←　品名
2. Quality   :   As per the samples submitted　←　品質条件
3. Quantity   :   As per the attached Order Sheet　←　数量
4. Price   :   As per the attached Order Sheet　←　単価
5. Total amount : US$ 5,733　←　総額
6. Trade Terms : FOB Shanghai　←　貿易条件
7. Payment   :   30% deposit 70% after receiving B/L copy　←　支払い条件
8. Shipment   :   By June12, 2004　←　船積み日
9. Destination : Tokyo, Japan
10. Shipping Marks :　←　仕向け地

　　　　　　　◇ MARUO ORIGINAL ◇　←　荷印

←　本文117～122ページと同じ番号

Accepted and Confirmed by:

(SELLER)　←　輸出業者のサイン　　　　(BUYER)　←　輸入業者のサイン

Watoson　Chen

118

■契約書のサンプル2枚目（別紙）

オーダーシート・注文書

ORDER SHEET

品番 / 品名 / 数量 / 単価 / 計

Article Number	Description	Quantity	Unit Price	Amount
MV-7CM-M	008 Love Story	60	××	××
MC-8CM-M	077 Over the rainbow	60	××	××
MGU-8CM-M	152 Yesterdy	60	××	××
MPY-02C	001 I left my heart in San Francisco	60	××	××
MPY-04C	002 Swan Lake	120	××	××
MV-23CM-S	008 Love Story	100	××	××
MV-18CM-S	285 Eine Kleine Nacht Musik	150	××	××
MC-23CM-S	002 Swan Lake	100	××	××
MC-18CM-S	065 As time goes by	120	××	××
MB-23CM-S	111 Romeo&Juliet	40	××	××
MPH-01B	009 For Elise	120	××	××
MA05-1/8CM-M	011 Feeling	20	××	××
MB-14CM-M	034 Lara's Theme	20	××	××
MC-14CM-M	111 Romeo&Juliet	20	××	××
MPY-02	038 Amazing Grace	40	××	××
MPY-04	066Mendelssohn Wedding March	100	××	××

TOTAL AMOUNT FOB SHANGHAI　　　　　　　　　　　　　US$5,733

3. 数量 (Quantity)

国際取引で使用される単位で記載する。代表的なものは次の通りである。

- 本、個 (PIECE=PC)
- 台 (SET)
- ダース (DOZEN=DZ)
- 組 (UNIT)
- 長さ (METER=M / YARD)
- 重さ (METRIC TON=KILO TON=MIT / KILO GRAM=KG / POUND=lb)

提示した例では品目が多いので、別紙のOrder Sheet（オーダーシート・注文書）を参照するように指示している。英文は品名の項と同様である。

4. 単価 (Price)

事前に合意した単価を記載する。円建てなら円、米ドル建てなら米ドルを表示する。提示した例では品名や数量と同様に、別紙参照の旨を指示している。

5. 総額 (Total Amount)

合計金額を記入する。

6. 貿易条件 (Trade Terms)

これも重要な項目である。建値条件がどういった種類かを表わすものである。建値条件については別途詳述する（218ページ参照）。この例ではFOB（本船渡し条件）になっている。

7. 支払い条件 (Payment)

支払いをどういった方法でするのかを示している部分である。この例では前金30％船積み後70％の条件になっている（118ページ参照）。

8. 船積み日 (Time of Shipment)

船積みの日を指示している部分である。これも品質条件と並んで最も重要なパートである。正確に日付を指定すべきである。

9. 仕向け地 (Destination)

貨物の仕向け地がどこかを規定する。サンプルでは東京になっている。

10. 荷印 (Shipping Marks)

通関時の貨物の特定、船積書類との照合のために必要なものである。あなたが相手に対して指示をしたほうがいい。

このなかで注意すべきは、「8. 船積み日」（納期）と「2. 品質条件」に関する条項である。私が実際の現場で出くわすトラブルは、この2つに集約される。

第一に船積み日（納期）の遅れ。

これは、ビジネスマンにとって致命的に重要な問題である。

ほとんどの場合、お客様と事前に商談の上、納入日を決めている。納期が遅れた場合、お客様との間で損害賠償などということもありえないことではない。逃げが効かなくなっている場合が多いのである。その観点から納期遅れについては、軽いペナルティー条項をつくっておくべきだ。

とくに今、経済成長期にあるアジア諸国については、くれぐれも慎重にことを進めるべき

■契約書にまつわるトラブルにはどんなものがあるのか？

頻発するトラブルは大きく2つに分けられる

トラブルの分類	トラブル	トラブルの内容
品質・数量に関するもの	①品質不良	契約したものより品質が劣る
	②規格相違	契約したものと規格・仕様が違う
	③量目不足	契約した数より少ない
	④包装不良	包装が不完全なため、荷いたみが発生している
船積みに関するもの	①船積相違	契約品以外のものが積まれている
	②船積遅延	契約した期日に船積みされない

> 相手に品質・納期がいかに重要かを、繰り返し繰り返し説明しておくことが大事！
> とくに品質に関しては、事前にサンプルを必ず入手しておくこと。
> 納期に関しては定期的にメールなどで進捗状況を確認しておくこと

である。

第二に品質に関する条件。

これが、現実的には最も意見のくい違いが発生するところである。

幸運というべきか不幸というべきか、私たち日本人は、世界一高いとされる品質基準の国に住んでいる。現代の日本では、巷にあふれる商品から悪い商品を探すことのほうが難しい。その位、良い商品だらけの世界に私たちは生きている。この世界に生きていることが、品質トラブルの最大の原因になる。

良い商品（品質の良さ）の定義は、各国様々である。知っておきたいのは、それぞれ国や地域によって認識の違いがあるということだ。

彼らの言う品質の良さと私たちの言う品質の良さは、必ずしもイコールではない。私たちから見ると明らかに欠陥品であるものを「問題なし」、と輸出者が判断していることが往々にしてあるのである。

これを避けるための方法を伝授しよう。

私も輸入ビジネスの参入当時は、ずいぶん痛い目にあった。

輸入前に必ずサンプルを入手しておくことである。そして、品質条件にサンプル通り（as per the samples submitted）と明記するのだ。

こうしておけば、前述のようにサンプルと到着品を二つ並べて写真に撮ることができる。相手も納得せざるをえない。どんな場合でも、証拠を提示する姿勢でいることが必要である。決して感情的にはならず、論理的にのぞむべきである。

相手に対する特別な指示は必ず、契約書内に落とし込め

今となれば、あなたは海外の電気製品がそのまま使えないことくらいはご存じだろう。

私がまだ輸入ビジネスを始めたばかりの頃の話をしよう。ドイツのテーブルランプメーカーとの輸入にまつわるエピソードである。

ドイツの展示会で、いかにもクラシカルなヨーロッパの香り漂うテーブルランプを見つけた。商品を手に取ってプラグ（差し込み）を見た。もちろんドイツ仕様である。私は相手に確認をした。

私　「日本に輸出したことはあるのか？　プラグの形状が違うのは知っているね？」

もちろん相手の答えは

相手「イエース、オフコース（もちろんです）」

私は安心して発注をした。

90日後、商品を手にして私の顔色は変わった。プラグが変更されていないのである。早速クレームを相手に伝えた。返ってきた返事は、指示通りですとのこと。

そんなはずはないと私は訴えるが、いかんせん証拠がない。契約書にも発注書にもどこにも仕様変更のことを明記していなかったのだ。現地での口答での確認だけだったのである。

不覚だった。唇をかんだ。特別な指示として、契約書（発注書）に日本仕様のプラグ使用と書くべきであった。彼らの世界は契約社会だ。希望することは必ず書くべきなのだ。書いたことは実行される。書いてないことは実行されない。考えれば当たり前のことだ。忘れないでいて欲しい。

相手への代金決済は送金が一番簡単！

第4章　契約時に陥る罠とスムーズな代金決済・輸送法

気になる相手への支払い（代金決済）のやり方について見てみよう。
代金決済についてはいろいろな方法があるが、現場で使われることが多い二つの方法に絞り込む。それぞれ送金と信用状（L／C）という方法である。それぞれのメリット、デメリットを知った上で使い分けよう。

(1) 送金

送金とは、自分の取引銀行から海外の相手の口座に直接代金を振り込む方法だ。最も簡単で安上がりな方法である。
初めての取り引きなら、小額の場合には全額の前金を要求される場合も多い。しかし全額前払いをしてはいけない。全額を支払ったとたん、相手との連絡がとれなくなるというようなこともあるからだ。
送金に応じる場合、最悪でも発注前に30％の前払い、船積み後もしくは入荷後に70％を送金という条件で交渉すべきである。
私もこの件では、苦い経験がある。海外の展示会でサンプル発注をして、その場で現金を支払った。しかし待てども待てども一向に商品が来ない。連絡をしたら、担当者が辞めたというような理由で全然らちがあかない。さらに悪いことに、私はそのときの領収書を紛失し

■送金依頼書のサンプル

株式会社福島銀行 (TO THE FUKUSHIMA BANK, LTD.)	海外送金取組依頼書お客様控 (MEMORANDUM FOR REMITTANCE)	

貴行所定の海外送金取引規定に従い下記再外送金に係る着類の提出当により下記のとおり告知します。
内国為替の通正な履行の確保を目的とした海外送金に係る書類の提出等により下記のとおり告知します。
PLEASE MAKE THE FOLLOWING REMITTANCE UNDER TERMS AND CONDITIONS OF FOREIGN REMITTANCE TRANSACTIONS.
WE HEREBY DECLARE THE REQUIRED ITEMS PURSUANT TO ARTICLE 3 OF THE "LAW ON REPORTING REQUIREMENTS ON CROSS BORDER PAYMENTS AND RECEIPTS FOR THE TAX LAW COMPLIANCE" AS FOLLOWS.

〈お願い〉
1. 太線の枠内をご記入下さい。(PLEASE FILL IN THE THICK-LINED BOXES BY TYPEWRITER OR IN BLOCK LETTERS)
2. 外国送金特有の複雑さや、相手国の事情等から到着が遅延する場合も考えられますので、あらかじめご了承下さい。

取組日 (DATE): **14.9.3**

ご依頼人おところ (ADDRESS & TELEPHONE):
8-1 HIRASAWA NAKAZAWA
MACHIKITAMACHI AIZUWAKAMATSU
FUKUSHIMA JAPAN
(0242 25 5651)

送金種類 (REMITTANCE BY)	☑電信送金 (TELEGRAPHIC TRANSFER) / □送金小切手 (DEMAND DRAFT) / ☑口座振込 (ADVISE & CREDIT) / □通知払 (ADVISE & PAY) / □請求払 (PAY ON DEMAND)
送金金額 (AMOUNT)	通貨 (CURRENCY): □US$ □YEN ☑ / 送金金額 (AMOUNT): Euro 5957.75

ご依頼人おなまえ (記名捺印または署名: SIGNATURE):
MARUO CO., LTD
Yuh Ohsuka

ご依頼人 (APPLICANT)	英文氏名 (清文字): FULL NAME IN PRINT MARUO CO., LTD

支払銀行 (受取人が送金を受け取る銀行) (BENE'S A/C WITH BANK):
BANCAJA

送金目的 (PURPOSE OF REMITTANCE):
商品仕入代金

支店名 (BRANCH) 住所 (ADDRESS):
SWIFTKEY: CVALESVV

許可等の番号 (LICENSE NO.)

受取人 (BENEFICIARY)	口座番号 (A/C NO.): ×××××××××	国名 (COUNTRY): SPAIN	お客様摘要番号 (APPLICANT'S REF. NO.)
	受取人名 (NAME OF BENEFICIARY): ××××××××××××××××××××		(本欄は受取人には伝達されません。) (NOT TO BE CONVEYED TO BENEFICIARY) 受取人へ連絡事項(英文で60字以内、送金小切手での利用不可) [MESSAGE TO BENE IF ANY WITHIN 60 LETTERS INCLUDING SPACE]
	住所 (ADDRESS): Calle Vallencia 33 46180 BENAGUACIL TEL. NO. 96 273 7953		

支払銀行手数料 (CHARGES OUTSIDE JAPAN): □受取人負担 (BENEFICIARY'S A/C) / ☑依頼人負担 (APPLICANT'S A/C)
上欄になんら指示がない場合は受取人負担として下さい (BENEFICIARY'S A/C UNLESS INSTRUCTED ABOVE)

代り金決済方法
☑円貨決済(スポット) / □外貨
先物明細

☑普通預金 / □当座預金
□外貨普通預金 / お届け印
□座番号 001753

もしくは (株)丸大 大須賀 裕

128

第4章 契約時に陥る罠とスムーズな代金決済・輸送法

てしまっていた。

この方法を使う場合は不着リスクを考えて送金すべきである。もちろん、相手の選定が重要なのは言うまでもない。送金依頼書の記載についてはサンプル（128ページ参照）を見てもらいたい。

(2) 信用状（L/C）

信用状決済は、最も普及している方法である。輸入業者の代わりに取引銀行が相手に対して支払いを保証する書面を発行して確約する決済方法だ。

輸出相手にとっては、代金回収が確実であるため安全と言える。ただし受け取りに際する手数料が高い。また輸入業者にとっても、信用状によって船積み日などの契約内容を守らせやすいというメリットがある。

デメリットとしては、輸入業者自体が取引銀行との信頼がないとL/Cを開きにくいことがある。そして、銀行としては支払い保証する立場上、誰に対してもできるものではないのは当然である。信用状の開設にはコストがかかることもデメリットになる。

詳しくは132ページのフロー図を見てもらいたい。

■信用状申込書（L／C申込書）のサンプル①

```
TO The Fukushima Bank, Ltd.
I/WE REQUEST YOU TO ISSUE AN IRREVOCABLE DOCUMENTARY CREDIT IN THE FOLLOWING TERMS AND CONDITIONS

[X] FULL CABLE / [ ] BRIEF PRELIMINARY CABLE / [ ] AIRMAIL

ADVISING BANK (通知銀行)/BRANCH                L/C NO                  APPLICANT'S REF NO.
Bank of China, Long Yan Branch
CITY                     COUNTRY                DATE (発行状版日)
5×1 PAN Road, Long Yan City 364000
CURRENCY/AMOUNT (IN FIGURES) (通貨/金額) Japan · China    EXPIRY DATE (有効期限)    LATEST SHIPMENT DATE (船積期限)
                                                April 10, 2004       March 25, 2004
USD 12,543.70                          PARTIAL SHIPMENT [ ] ALLOWED [X] PROHIBITED  [ ] CONFIRMED (確認)
                                       TRANSHIPMENT    [ ] ALLOWED [X] PROHIBITED  [X] UNCONFIRMED (無確認)

APPLICANT (うけ取人)                              BENEFICIARY (受取者) (ADDRESS AND COUNTRY)
MARDO CO., LTD.
85-1 HIKASAWA NAKAZAWA MACHIATA          ××××××××
MACHI AIZUWAKAMATSU Fukushima Japan

SHIPMENT FROM  Xiamen China    TO   Tokyo Japan

[X] ALL BANKING CHARGES                  OUTSIDE JAPAN ARE FOR ACCOUNT OF BENEFICIARY
[ ] ACCEPTANCE COMMISSION IS FOR ACCOUNT OF  [ ] BENEFICIARY [ ] APPLICANT
[ ] DISCOUNT CHARGES ARE FOR ACCOUNT OF      [ ] BENEFICIARY [ ] APPLICANT

CREDIT AVAILABLE WITH THE BANK OF YOUR CHOICE  BY / PAYMENT / NEGOTIATION / ACCEPTANCE
AGAINST DRAFTS [X] AT SIGHT [ ] AT                           (INDICATE TENOR)
FOR  100  PERCENT    INVOICE VALUE
DRAWN ON YOU OR YOUR CORRESPONDENTS

DOCUMENTS REQUIRED
[X] SIGNED COMMERCIAL      INVOICE IN  3  COPIES    ××××××××

[X] FULL  /  SET CLEAN ON BOARD MARINE B/L MADE OUT TO ORDER OF   ××××××××
[ ] NEGOTIABLE COMBINED TRANSPORT DOCUMENTS MADE OUT TO ORDER OF
     [X] SHIPPER AND ENDORSED IN BLANK / [ ] THE FUKUSHIMA BANK LIMITED /   ××××××××

MARKED FREIGHT [ ] PREPAID [X] COLLECT
NOTIFY : APPLICANT /

[ ] AIR WAYBILLS CONSIGNED TO
MARKED FREIGHT [ ] PREPAID [ ] COLLECT
NOTIFY : APPLICANT /

[ ] MARINE [ ] AIR  INSURANCE POLICY/CERTIFICATE IN DUPLICATE ENDORSED IN BLANK
   FOR      PERCENT OF THE INVOICE VALUE INCLUDING
   [ ] INSTITUTE         CARGO CLAUSES(F.P.A./W.A./ALL RISKS)
   [ ] INSTITUTE WAR CLAUSES AND INSTITUTE S.R.C.C CLAUSES

[X] PACKING LIST IN  3  COPIES
[X] OTHER DOCUMENTS
G.S.P Certificate of Origin "Form A" issued in
China on or before B/L date in one Original
and 2 copies
                                        [X] ONE MAIL [ ] TWO MAILS

DOCUMENTS TO BE PRESENTED AT [ ] NEGOTIATING BANK'S COUNTER / [ ]   WITHIN  7  DAYS AFTER THE DATE OF
SHIPMENT BUT WITHIN THE VALIDITY OF THE CREDIT
COVERING
     Rattan photo Frames, Rattan
     mirrors, wooden tables and
     Rattan chairs
TRADE TERMS [X] FOB [ ] CFR [ ] CIF [ ]         (PLACE) FOB Xiamen China
T.T REIMBURSEMENT IS [ ] ACCEPTABLE [ ] AT APPLICANT'S EXPENSE [ ] AT BENEFICIARY'S EXPENSE [X] NOT ACCEPTABLE
THIS CREDIT IS [ ] TRANSFERABLE [ ] AT ADVISING BANK [ ] AT        [X] NOT TRANSFERABLE

SPECIAL INSTRUCTIONS (ADDITIONAL CONDITIONS)
Beneficiary's certificate stating that originals
Certificate of Origin "Form A" and two set of
non negotiable shipping documents have
been airmailed to applicant Fukushima office after
shipment
```

第4章 契約時に陥る罠とスムーズな代金決済・輸送法

■信用状申込書のサンプル②

信用状発行依頼書 (APPLICATION FOR IRREVOCABLE DOCUMENTARY CREDIT)
TO The Fukushima Bank, Ltd.

- 通知銀行名 → ADVISING BANK (通知銀行)
- 信用状の有効期限 → EXPIRY DATE (有効期限)
- 船積期限 → LATEST SHIPMENT DATE (船積期限)
- 信用状の通貨と金額 → CURRENCY/AMOUNT (IN FIGURES) (通貨・金額)
- 分割船積・積み替えの可否 → PARTIAL SHIPMENT / TRANSHIPMENT (ALLOWED / PROHIBITED)
- 輸入業者(あなた) → APPLICANT (ご依頼人)
- 輸出業者 → BENEFICIARY (受益者)
- 積み出し港 → SHIPMENT FROM
- 陸揚げ港 → TO
- 日本国外での銀行手数料の支払いの負担者記入欄 → ALL BANKING CHARGES / ACCEPTANCE COMMISSION IS FOR ACCOUNT OF / DISCOUNT CHARGES ARE FOR ACCOUNT OF (BENEFICIARY / APPLICANT)
- 手形期限記入欄 → AGAINST DRAFTS AT SIGHT AT / FOR PERCENT INVOICE VALUE / DRAWN ON YOU OR YOUR CORRESPONDENTS
- 要求書類(インボイス、B/L、パッキングリスト、保険証券、その他の書類)とその枚数を記載する。運賃については prepaid(支払済み)か collect(到着時払い)かのどちらかにチェックを入れる。C&FとC/Fでは prepaid、EX works や FOB の場合は collect を選択することになる
- 書類掲示期限記入欄 → DOCUMENTS TO BE PRESENTED AT NEGOTIATING BANK'S COUNTER / WITHIN DAYS AFTER THE DATE OF SHIPMENT BUT WITHIN THE VALIDITY OF THE CREDIT
- 商品内容 → COVERING
- 貿易条件 → TRADE TERMS (FOB / C&F / CIF)
- 特別な指示記入欄 → SPECIAL INSTRUCTIONS (ADDITIONAL CONDITIONS)

131

■信用状（L／C）の開設から代金決済までの流れ

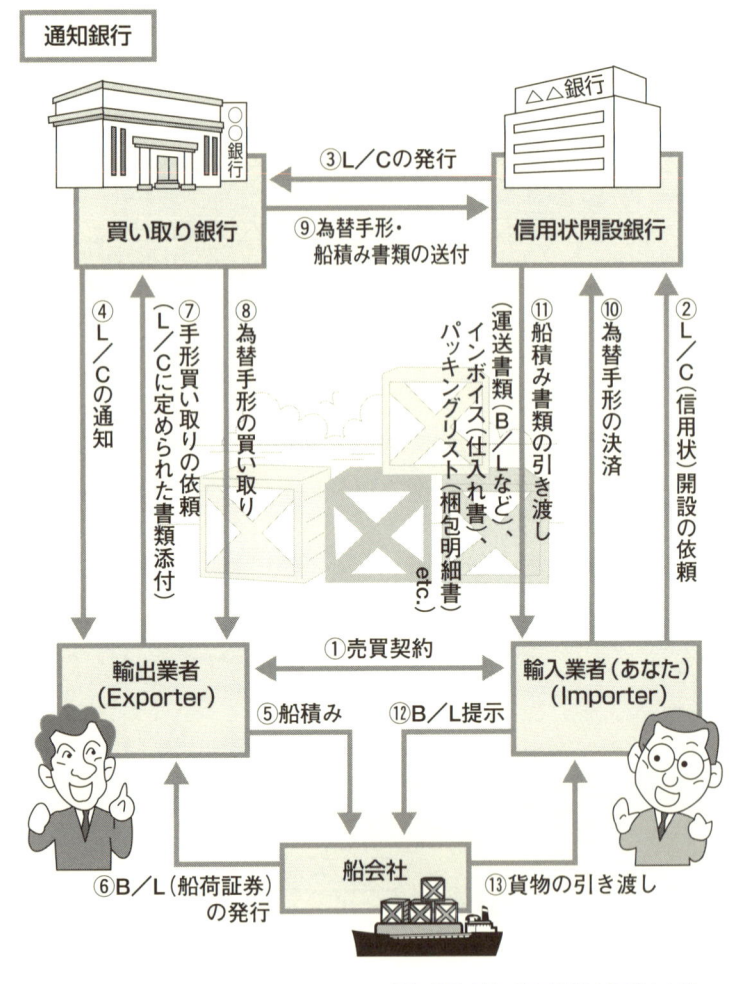

通知銀行

買い取り銀行 ←③L／Cの発行— 信用状開設銀行

⑨為替手形・船積み書類の送付

④L／Cの通知
⑦手形買い取りの依頼（L／Cに定められた書類添付）
⑧為替手形の買い取り
⑪船積み書類の引き渡し（運送書類（B／Lなど）、インボイス（仕入書）、パッキングリスト（梱包明細書）etc.）
⑩為替手形の決済
②L／C（信用状）開設の依頼

輸出業者（Exporter） ←①売買契約→ 輸入業者（あなた）（Importer）

⑤船積み　⑫B／L提示

船会社

⑥B／L（船荷証券）の発行　⑬貨物の引き渡し

※通知銀行は買い取り銀行と同じ場合が多い。

あなたの商品に最適の輸送手段を見極める

発注した商品を運ぶ輸送手段の選定は非常に重要である。そこにかかるコストがそのまま仕入れ価格を決定する際の重要な要素になるからだ。それぞれの輸送手段に熟知してケースバイケースで選定する必要がある。

輸送手段には大きく分けて「船便」と「航空便」の2種類ある。どちらを選ぶかは、あなたの商品の性質と量による。

あなたの商品が重い商品であったり大量に輸入する場合は、圧倒的に船便をお勧めする。コスト的に航空便の十分の一程度ですむからだ。逆に、あなたの商品が少量で高付加価値商品であったり、緊急性を要する商品などの場合は、スピードを優先させた航空便にすべきである（たとえば宝石類、生鮮品、サンプル類など）。

通常、船便の場合は輸送に時間がかかる。たとえばヨーロッパなら1カ月、アメリカなら14〜20日、中国なら3〜5日かかる。

船便と航空便についてもう少し詳しく見てみよう。

(1) 船便

具体的には、コンテナ船にて運ばれることになる。コンテナはご存じだろうか。スチールやアルミ合金でできた箱状の容器である。トレーラーに牽引されて走っているのを見たことがあるだろう。

コンテナ輸送には、コンテナ1本を借り切って運ぶ方法と、少量の貨物を他の貨物と混載して1本のコンテナにして運ぶ方法、とがある。

あなたの商品の量にもよるが、経験上、コンテナ1本を借り切って運ぶことをお勧めする。この方法だと、メーカーからあなたのところまで一貫輸送されるからである。荷いたみが少ないのだ。

混載した場合、どうしても何度も人の手に触れるため、荷いたみが起こりやすくなる。さらに、抜け荷する危険性が高くなる。とくに、容量が小さくて高価なブランドものなどは狙われやすいので注意しなくてはならない。

(2) 航空便

航空輸送には、航空会社またはその代理店に直接委託する「直送貨物」と、混載業者に委託する「混載貨物」がある。貨物の内容によっては、輸送できないものや特別の条件が付く

海上運賃はどのように決まるのか？

ものもあるので注意して欲しい。

海上運賃はどのようにして決められるのだろうか。ここでは基本的なことを押さえておこう。

運賃は一言で言うと、あなたの商品の種類、形状、包装、価格などによって変わる。一口に商品と言っても、容積が小さくても重量のあるもの、容積も小さく重量もないもの、反対に重量はないのに容積が大きいもの、と実に様々である。よって、一律に容積または重量だけで決められるのは不合理である。これらの要素を組み入れた基準が実際に用いられている。

現在、運賃の建値は次の通りである。建値とは、運賃計算の基準となる単位を指す。

(1) 容積建て運賃 (measurement)

通常の貨物は、1立方メートル (1m×1m×1m cubic meter,m³) を1トンとする容積トンを基準に決められる。

(2) 重量建て運賃 (weight)

通常の貨物より重いものに適用される。1トンは原則的には1メトリックトン (metric ton) すなわち1000キログラムを1重量トンと定めている。

ただし、イギリス、アメリカについては注意が必要である。以前はイギリスではロングトン、アメリカではショートトンが使われていたからである。必ずそのことを確認する必要があることを覚えておいてほしい。

(3) 従価建て (ad value)

商品がとくに高価な場合には、インボイス（納品・請求書、仕入れ書）上のFOB価格に一定率を掛けて算出されるが、そのことを従価建てという。

(4) ボックス・レート (box rate)

コンテナ単位で表示される運賃を指す。つまり、コンテナ1本いくらという運賃設定のことである。

以上が基本的なものである。

第4章 契約時に陥る罠とスムーズな代金決済・輸送法

■運賃の決め方は？（海上運賃の場合）

たとえば、あなたの貨物が次のような場合はどうなるだろうか。海上運賃の場合で具体的に見てみよう

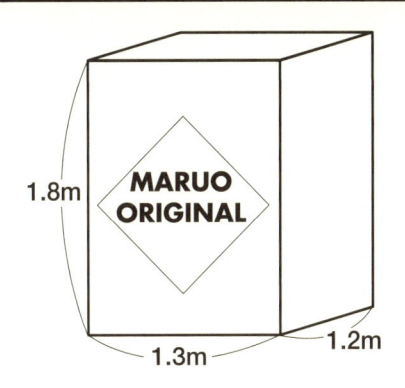

MARUO ORIGINAL

1.8m
1.3m
1.2m

❶ まず最初に容積を算出する
縦1.3m×横1.2m×高1.8m＝2.80m³

❷ 次に重量を量る

ⓐ 重量が2重量トンだった場合

2.80m³＞2重量トン

なので　2.8m³の運賃を採用

ⓑ 重量が3重量トンだった場合

2.80m³＜3重量トン

なので　3重量トンの運賃を採用

要するにどっちにころんでも船会社は損しないってことだね!

137

容積建てか、重量建てかの選択については、船会社が自己に有利なほうを選べる。たとえば、あなたの商品が重量1トンで1.3立方メートルあるとしよう。その場合、船会社は容積建て、つまり1.3立方メートルでの運賃を選ぶことができるのである。

航空運賃はどのように決まるのか？

それでは、航空運賃はどうなっているのだろうか。見てみよう。

基本的には、容積と重量のいずれか大きいほうで決められることになる。容積は6000立方センチメートルを1kgとしている（ただし一部の国では7000立方センチメートルを1kgとしている）。

航空運賃は、ミニマム運賃、45kg未満、45kg以上、100kg以上、300kg以上、500kg以上、1000kgを超える場合、それぞれについてkg当たりの単価が設定されている。そして重量段階が上がるほど運賃率が低くなるという重量逓減制（じゅうりょうていげんせい）を採用している。つまり、重くなればなるほどkg当たりの運賃が安くなるのである。

運賃は、航空便が積まれる国の通貨建てで決められる。たとえばイギリス発ならポンド建

て、フランス発ならユーロ建てになる。支払い方法は前払いと着払いがある。
詳細は、その都度、航空会社もしくは航空貨物混載業者から見積もりをとって検討しよう。

小口貨物の輸送方法を比べてみよう

商品サンプルや書類などの小さな貨物の輸送についてはどうだろうか。ここでは二つ紹介しておきたい。

(1) 国際郵便小包（EMS）

現在129の国と地域から、あなたへ向けて商品が送ることができる（2005年2月1日現在）。EMSを使うと、面倒な輸入通関を郵便局が代行してくれる。しかも商品はドアツードアで到着するのである。価格も非常にリーズナブルに設定してある。さらに荷物追跡サービスも充実している。

ただし、送れる物品の大きさ、重さに制限があるので注意が必要だ。利用できる最大の大きさと重さは次の通りだ。

- A＋(B＋C)×2＝3m以内
- Aは最長辺1・5m以内（中国宛は1・8mまで）
- 重さ30kgまで

ただし相手国によって異なるので事前にチェックが必要だ。

(2) 国際宅配便

EMSと同様、輸入通関を宅配便業者が代行してくれるし、荷物追跡システムもある。EMSとの違いは、利用できる最大の大きさと重さである。

利用できる最大の大きさと重さは次の通りだ。

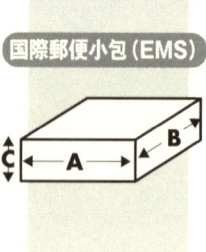

- 最長辺2・7m以内
- 胴回り＋最長辺＝約3・3m以内
- 重さ70kgまで

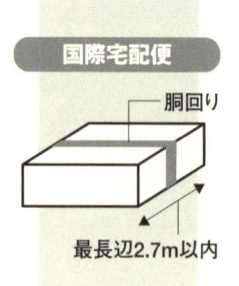

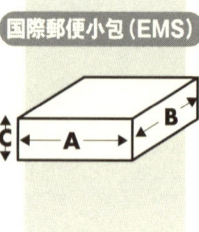

国際郵便小包（EMS）

国際宅配便

胴回り

最長辺2.7m以内

■海外からの輸送方法の比較

輸送方法	【国際郵便小包】 (国際スピード郵便：EMS) 日本郵政公社	【国際宅配便】 DHL TNT UPS FEDEX など	【航空貨物輸送混載貨物サービス】 日本通運 近鉄エクスプレス 郵船航空サービス	【海上貨物輸送】 コンテナ貨物：20フィート 　　　　　　　：40フィート 大口貨物： FCL貨物 Full container load 小口貨物： LCL(CFS)貨物 Less than container load
重量制限	書類や物品30kgまで (大きさは1.5m以内、長さ最大横周3m以内) 国により違いあり	70kgまで	10kg以上目安	約20トン (20フィートもしくは40フィートのコンテナ1本分相当の重量)
20kgまで	有利	不利	不利	不利
21〜70kg	30kg以上は重量オーバー	有利	不利	不利
71kg以上	重量オーバー	重量オーバー	71kg以上有利	71kg以上有利
選択の目安と特徴	書類用と物品用速達日数 平均4〜10日 イギリスより 10kg/14,000円 香港より 10kg/13,400円	クーリエ(書類・パンフレットを扱う)とスモールパッケージ(SP：商品サンプル・スペアパーツなど小口貨物の輸送)20kg超えて70kgまで国際宅配便が有利 日数は平均3〜5日 イギリスより 10kg/32,090円 香港より 10kg/19,440円 (DHL社)	10kg以上だと国際宅配便が有利 海上貨物に比べると迅速だが運賃が非常に高い。 数社から見積もりをとり比較検討。 (出荷地点から空港までの陸送費、到着空港から最終配達先までの陸送費、通関料などは別途かかる)	重量もの、温度管理が必要なもの、かさばるもの、バルクものほとんどが海上輸送、輸送日数がかかる。 ヨーロッパ主要港から30日の輸送日数がかかる。数社から見積もりをとり比較検討。
難易度	比較的簡単	比較的簡単	難しい	難しい

輸入通関は専門家に任せよう!

いよいよあなたの待ち望んでいた商品が港に着くことになる。輸入手続きのなかであなたが最も難しいと感じるであろう"通関"について説明しよう。

この部分は、実は国家資格でもある通関士の業務になる。もちろん、通関士を有する通関業者に依頼せずに自分でやることも可能である。しかし現実的には、手続きが複雑で面倒である。委任をしたほうが費用対効果の面で有利だ。

あなたの貴重な時間は、販売戦略に集中させるべきである。

ここでは、最小限の知識についてご披露(ひろう)しよう。まず第一に、あなたが通関を依頼する際に必要な書類は次の通りである。

(1) インボイス（送り状、仕入れ書、納品・請求書）
(2) パッキングリスト（梱包明細書）
(3) 運送書類（B／L＝船荷証券、空輸の場合はAWB＝航空貨物輸送状）
(4) 保険証券

以上の4点は必ず用意すべき書類である。数ある輸入関連のなかでも、最も重要なものなのでしっかりと押さえてほしい。一つずつ見ていこう。

(1) インボイス（送り状、仕入れ書、納品・請求書）

送り状（商業送り状）とも呼ばれる。実務レベルでは、あなたが発行する納品書兼請求書と考えればわかりやすいだろう。実際の現場では、このインボイスは契約の段階であなたに向けて発行される。それを確認したあなたは、送金もしくはL／C（信用状）を開設することになる（129ページ参照）。

(2) パッキングリスト（梱包明細書）

あなたの貨物はどのように梱包されているのか。梱包の数はいくつなのか。梱包の外装に書かれたマーク（荷印）はどんなものなのか。内容そして大きさと重量はどうなっているのか。以上のようなことが記載される書式である。

(3) 運送書類（B/LやAWB）

輸入にまつわる書類で一番重要な書類である。これがないと大切な商品を受けとることができない。詳しく知る必要がある。船荷証券（B/L）と航空運送状（AWB）がある。

B/Lを説明すると次のようになる。

輸出業者があなたの商品を船積みすると、船会社は輸出業者に対して「貨物受領書」を発行する。これが船荷証券である。しかし船荷証券の役割はこれだけではない。受領書と同時に船会社が運送を引き受けたことを示す「運送契約書」でもある。

さらに重要な点は、この船荷証券を最終的に所持している人のみが、本船到着後の港で貨物の引き渡しを船会社に請求できることである。この点は重要である。つまりあなたは、あなたの商品が港に着くまでにこの船荷証券を手に入れておく必要がある。

このしくみはちょっと複雑なので、改めてもう一度別の角度から説明する。

船積みが終わった段階では、船荷証券はまだ輸出者の手元にある。実はこの船荷証券は手形、小切手などと同様に「有価証券」でもある。

有価証券であるから、輸出業者に裏書きをしてもらってその証券を買い取る必要がある。これはあなたから見ると、輸出業者への支払い行為になる。支払いをすると、輸出業者はその有価証券である船荷証券を支払い代金の代わりとして送ってくれることになる。そして

第4章 契約時に陥る罠とスムーズな代金決済・輸送法

あなたは、その船荷証券を持つことによって、その商品の正式な受け取り者になれるのである。

言い換えれば、船荷証券は商品そのものと言える。

一方、AWBとは、空輸の場合に航空会社または混載業者から発行されるあなたの商品の受取証である。ただし船荷証券と違い、有価証券ではないということを覚えておこう。

(4) 保険証券

保険はかけてもかけなくてもいいが、実務的には無保険での輸入は絶対にお勧めしない。危険が多すぎるからだ。

輸入のたびに保険をかけるのを忘れがちな方のために、保険会社と包括予定契約を結んで、毎回手配しなくても自動的に保険がかかるようにしておくことをお勧めする。包括予定契約とは、あなたが将来輸入するであろう全貨物について、もれなく保険を付けることをあらかじめ保険会社との間で協定しておくというものだ。この協定によって、保険会社は、船積みのあとでも保険期間の初めにさかのぼって責任を持つことになる。私はこのシステムを使って事務の簡素化を図っている。

なお海上保険については154ページ以降に詳しく説明したので参考にしてほしい。

145

■インボイス（送り状、仕入れ書、納品・請求書）のサンプル

F

Fenteno bv

Maruo Co., Ltd.
85-1 Hirasawa Nakazawa
Machikita-Machi
Aizukawamatsu Fukushima
Japan

← 輸入業者（あなた）

Zilverweg 3
Postbus 512
8440 AM Heerenveen
The Netherlands
Tel. 00 31 (0)513 - 632675
Fax 00 31 (0)513 - 631065

輸出業者

Rabobank Heerenveen
38.67.93.999
K.v.K. Leeuwarden
nr. 1063634
BTW code
NL 006359772B01

Heerenveen. 23 oktober 2000 ← 発行日

Invoice 20001023 (Living-sofasets as per proforma invoice dated September 1 2000)

	Colour	Quantity	Price NLG	Total NLG	Code
Venray 1 seat leather Torro schlamm cat.2	E50	14.	××	××	**
Venray 2 seat leather Torro schlamm cat.2	E50	6.	××	××	**
Venray 3 seat leather Torro schlamm cat.2	E50	12.	××	××	**
Hamburg 2 seat leather Taiga erde cat.1	E50	20.	××	××	**
Hamburg 3 seat leather Taiga erde cat.1	E50	20.	××	××	**
Wooden spring		162.	××	××	**

商品内容

Total　　F 66558,-

Conditions:

FOB Rotterdam
Container no. HLXU 607925-7
Seal no 0974254
Weight 2410 kg
** Code 940169000000
L.C. no 0151/000441

← 貿易条件

Internet: www.fenteno.com　E-mail: info@fenteno.com

146

■パッキングリスト（梱包明細書）のサンプル

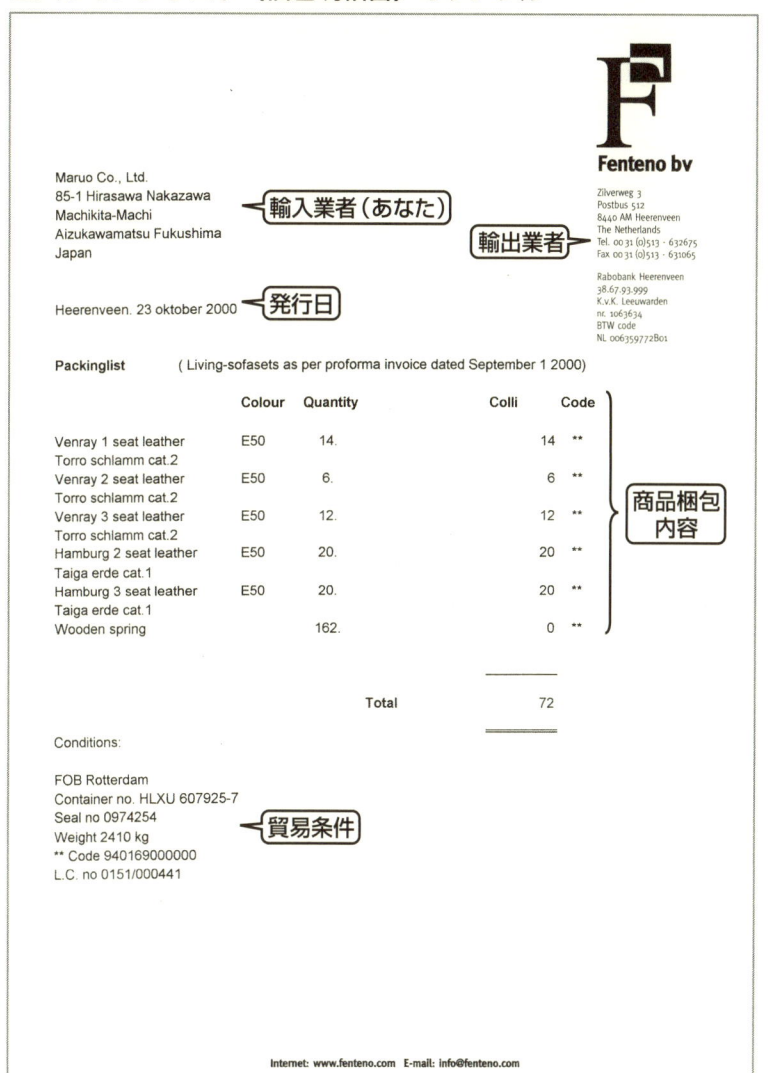

F
Fenteno bv

Zilverweg 3
Postbus 512
8440 AM Heerenveen
The Netherlands
Tel. 00 31 (0)513 - 632675
Fax 00 31 (0)513 - 631065

Rabobank Heerenveen
38.67.93.999
K.v.K. Leeuwarden
nr. 1063634
BTW code
NL 006359772B01

Maruo Co., Ltd.
85-1 Hirasawa Nakazawa
Machikita-Machi
Aizukawamatsu Fukushima
Japan
← 輸入業者（あなた）
輸出業者 →

Heerenveen. 23 oktober 2000 ← 発行日

Packinglist   (Living-sofasets as per proforma invoice dated September 1 2000)

	Colour	Quantity	Colli	Code
Venray 1 seat leather Torro schlamm cat.2	E50	14.	14	**
Venray 2 seat leather Torro schlamm cat.2	E50	6.	6	**
Venray 3 seat leather Torro schlamm cat.2	E50	12.	12	**
Hamburg 2 seat leather Taiga erde cat.1	E50	20.	20	**
Hamburg 3 seat leather Taiga erde cat.1	E50	20.	20	**
Wooden spring		162.	0	**

← 商品梱包内容

Total   72

Conditions:

FOB Rotterdam
Container no. HLXU 607925-7
Seal no 0974254
Weight 2410 kg   ← 貿易条件
** Code 940169000000
L.C. no 0151/000441

Internet: www.fenteno.com E-mail: info@fenteno.com

147

■B/L（船荷証券）のサンプル

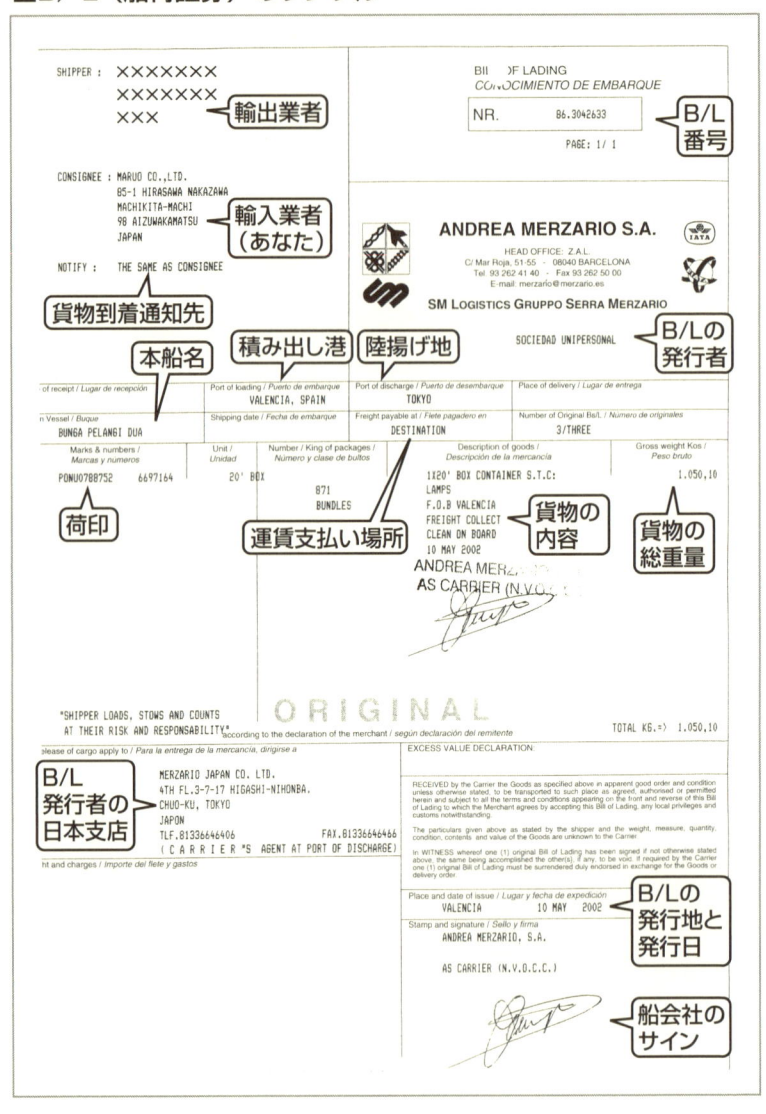

```
SHIPPER : ×××××××
          ×××××××
          ×××                    【輸出業者】

                                              BILL OF LADING
                                              CONOCIMIENTO DE EMBARQUE    【B/L番号】

                                              NR.    86.3042633
                                                     PAGE: 1/ 1

CONSIGNEE : MARUO CO.,LTD.
            85-1 HIRASAWA NAKAZAWA
            MACHIKITA-MACHI        【輸入業者（あなた）】
            98 AIZUWAKAMATSU
            JAPAN

NOTIFY :    THE SAME AS CONSIGNEE

【貨物到着通知先】                              ANDREA MERZARIO S.A.
                                                HEAD OFFICE: Z.A.L.
                                              C/ Mar Roja, 51-55 - 08040 BARCELONA
                                              Tel 93 262 41 40 · Fax 93 262 50 00
                                              E-mail: merzario@merzario.es

                                              SM LOGISTICS GRUPPO SERRA MERZARIO

【本船名】【積み出し港】【陸揚げ地】            SOCIEDAD UNIPERSONAL           【B/Lの発行者】

of receipt / Lugar de recepción   Port of loading / Puerto de embarque   Port of discharge / Puerto de desembarque   Place of delivery / Lugar de entrega
                                   VALENCIA, SPAIN                        TOKYO
n Vessel / Buque                   Shipping date / Fecha de embarque    Freight payable at / Flete pagadero en     Number of Original B/L / Número de originales
 BUNGA PELANGI DUA                                                       DESTINATION                                3/THREE

Marks & numbers /      Unit /     Number / Kind of packages /            Description of goods /                     Gross weight Kos /
Marcas y números       Unidad     Número y clase de bultos               Descripción de la mercancía                Peso bruto

PONU0788752  6697164   20' BOX                                           1×20' BOX CONTAINER S.T.C:                 1,050,10
                                              871                        LAMPS
                                              BUNDLES                    F.O.B VALENCIA
                                                                         FREIGHT COLLECT      【貨物の内容】   【貨物の総重量】
【荷印】            【運賃支払い場所】            CLEAN ON BOARD
                                                                         10 MAY 2002
                                                                         ANDREA MERZARIO
                                                                         AS CARRIER (N.V.O.C.C.)

                                              ORIGINAL

*SHIPPER LOADS, STOWS AND COUNTS
 AT THEIR RISK AND RESPONSABILITY*                                                                                  TOTAL KG.= 1,050,10
 *according to the declaration of the merchant / según declaración del remitente*

                                                                         EXCESS VALUE DECLARATION:

please of cargo apply to / Para la entrega de la mercancía, dirigirse a
                                                                         RECEIVED by the Carrier the Goods as specified above in apparent good order and condition
【B/L発行者の      MERZARIO JAPAN CO. LTD.                                 unless otherwise stated, to be transported to such place as agreed, authorised or permitted
 日本支店】        4TH FL.3-7-17 HIGASHI-NIHONBA,                          herein and subject to all the terms and conditions appearing on the front and reverse of this Bill
                 CHUO-KU, TOKYO                                          of Lading to which the Merchant agrees by accepting this Bill of Lading, any local privileges and
                 JAPON                                                   customs notwithstanding.
                 TLF.81336646406         FAX.81336646466                 The particulars given above as stated by the shipper and the weight, measure, quantity,
                 ( C A R R I E R *S AGENT AT PORT OF DISCHARGE )         condition, contents and value of the Goods are unknown to the Carrier.
ht and charges / Importe del flete y gastos                              In WITNESS whereof one (1) original Bill of Lading has been signed if not otherwise stated
                                                                         above, the same being accomplished the other(s), if any, to be void; if required by the Merchant
                                                                         one (1) original Bill of Lading must be surrendered duly endorsed in exchange for the Goods or
                                                                         delivery order.

                                                                         Place and date of issue / Lugar y fecha de expedición
                                                                              VALENCIA           10 MAY  2002            【B/Lの発行地と発行日】
                                                                         Stamp and signature / Sello y firma
                                                                              ANDREA MERZARIO, S.A.

                                                                              AS CARRIER (N.V.O.C.C.)

                                                                                                                         【船会社のサイン】
```

148

第4章 契約時に陥る罠とスムーズな代金決済・輸送法

■保険証券のサンプル

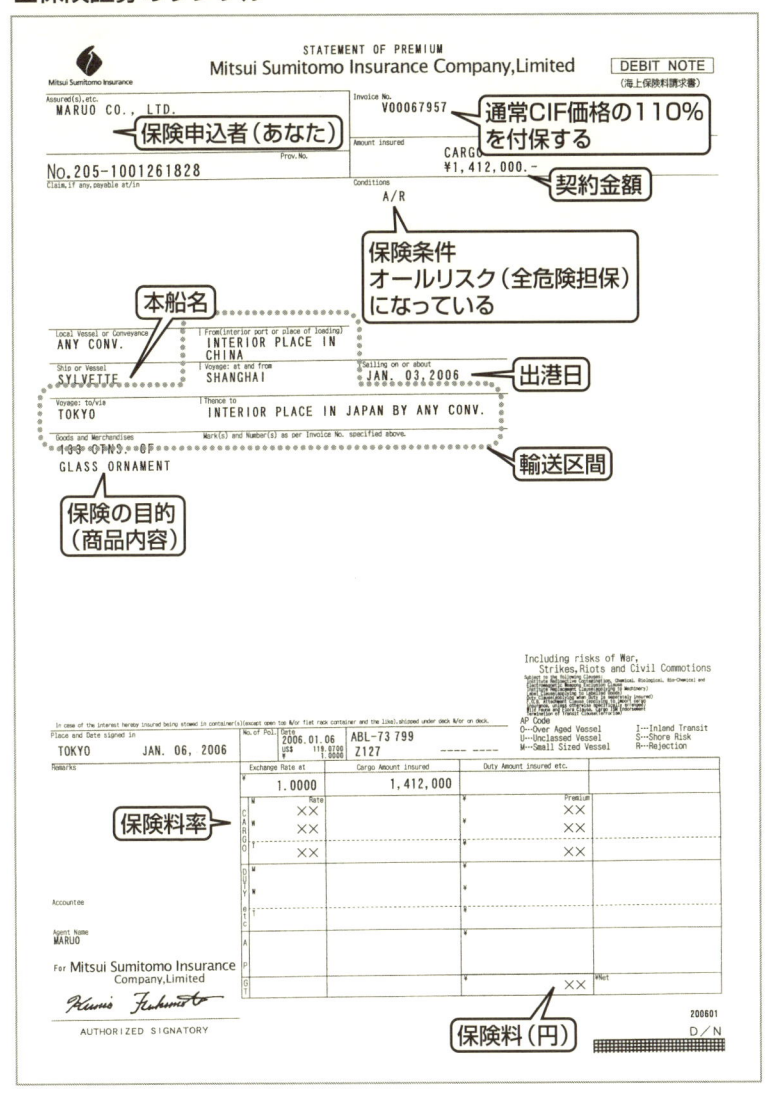

STATEMENT OF PREMIUM
Mitsui Sumitomo Insurance Company, Limited
DEBIT NOTE
(海上保険料請求書)

Assured(s), etc.
MARUO CO., LTD. ← 保険申込者（あなた）

Invoice No.
V00067957 ← 通常CIF価格の110%を付保する

Amount insured
CARGO
¥1,412,000.- ← 契約金額

No.205-1001261828
Claim, if any, payable at/in

Conditions
A/R

保険条件
オールリスク（全危険担保）
になっている

本船名 →
Local Vessel or Conveyance
ANY CONV.
Ship or Vessel
SYLVETTE

From(interior port or place of loading)
INTERIOR PLACE IN CHINA
Voyage: at and from
SHANGHAI

Sailing on or about
JAN. 03, 2006 ← 出港日

Voyage: to/via
TOKYO

Thence to
INTERIOR PLACE IN JAPAN BY ANY CONV. ← 輸送区間

Goods and Merchandises
100 CTNS OF
GLASS ORNAMENT

Mark(s) and Number(s) as per Invoice No. specified above.

保険の目的
（商品内容）

Including risks of War,
Strikes, Riots and Civil Commotions

Place and Date signed in
TOKYO   JAN. 06, 2006

No. of Pol. Date 2006.01.06 ABL-73 799
US$ 119.0700 Z127
¥ 1.0000

AP Code
O---Over Aged Vessel   I---Inland Transit
U---Unclassed Vessel   S---Shore Risk
M---Small Sized Vessel R---Rejection

Exchange Rate at
1.0000

Cargo Amount insured
1,412,000

Duty Amount insured etc.

保険料率

Rate ×× / ×× / ××
Premium ×× / ×× / ××

Accountee

Agent Name
MARUO

For Mitsui Sumitomo Insurance
Company, Limited

AUTHORIZED SIGNATORY

保険料（円）

200601
D/N

149

通関をスムーズに通る方法とは？

輸入通関については、通関業者に委託することがベストだ。費用対効果を考えれば、あなたは自分でやるべきではない。

通関業者は、あなたの代わりに、税関に対して輸入の申告をすることになる。輸入の申告とは、所定の書類を税関に提出して、関税の納付に関する申告をすることである。少し難しいであろうか。簡単に説明するので、もう少し我慢してほしい。

申告されると税関は、税額を確定させる審査のために、個々の申告について次のような区分に分ける。ここは重要である。

- 区分1　審査なし
- 区分2　書類審査
- 区分3〜区分5　現品検査

この区分で、あなたの商品がどういう手順で通関されるのかが決まるのである。

第4章 契約時に陥る罠とスムーズな代金決済・輸送法

■輸入の申告についての区分とは？

区分1 　審査なし

区分2 　書類審査

区分3〜区分5 　現品検査
- ①見本検査
- ②一部指定検査
- ③全量検査

区分によってこんなに手順が違うんだね。
輸出入者コードはとっておいたほうが何かといいね

たとえば、区分1と区分3～区分5とでは、その違いは天国と地獄である。

区分1の場合は、通関業者の申告通りにスピーディそしてスムーズに終わり、あなたは自分の商品を引き取ることができる。一方、不幸にも区分3～区分5になったら、お気の毒と言うほかない。

ちなみに、現品検査には、見本検査、一部指定検査、全量検査、の三通りがある。恐ろしいことに、検査にかかる費用は全部あなた持ちになる。この費用が意外に高いのだ。検査費はさほどでもないのだが、コンテナを開ける費用（デバン）や抜き取り後の積み込み（バン詰め）などが加算されると、驚くほどの金額になるのだ。

私の会社の例で言おう。

コンテナ1本の輸入で10数万円を払った記憶がある。できれば区分3～区分5は避けたいと思うのは私だけではないだろう。

これを可能な限り避ける方法があるなら、あなたは興味があるだろうか？

私なら「YES」である。

お答えしよう。「日本輸出入者標準コード登録」をすればいいのだ。

この登録は、「㈶日本貿易関係手続簡易化協会」（電話 03-3555-6034）にて行なわれている。

あなたもぜひ登録しておくといい。

152

第4章 契約時に陥る罠とスムーズな代金決済・輸送法

■輸出入者コードのサンプル

日本輸出入者標準コード登録通知書

標準コード登録通知書
〒965-0058　　　　　　　　(89137)
福島県会津若松市町北町大字中沢字平沢
85-1

No. 2004-07202

㈱マルオ　御中

平成 16 年 3 月 12 日

JASTPRO（ジャストプロ）
財団法人　日本貿易関係手続簡易化協会
コード管理センター

〒104-0032
東京都中央区八丁堀二丁目29番L
八重洲第五長岡ビル　4階
電話 (03)3555-6034　FAX (03)3555-6036

(19-5-31)

平成 16 年 3 月 5 日付で 更新登録 のお申込みをいただきました日本輸出入者標準コードにつきましては、次のように登録されましたので、通知致します。

(1) コ ー ド 番 号　89137

(2) 和 文 会 社 名　㈱マルオ

(3) 欧 文 会 社 名　MARUO CO., LTD.

(4) 和 文 住 所　福島県会津若松市町北町大字中沢字平沢85-1

(5) 欧 文 住 所　FUKUSHIMA KEN AIZUWAKAMATSU SHI
　　　　　　　　　MACHIKITAMACHIOAZANAKAZAWAAZAHIRASAWA 85-1

(6) 登 録 期 限　平成 19 年 5 月 31 日

＊登録期限の前に登録事項に変更（会社等の名称又は住所に変更）があった場合には、「日本輸出入者標準コード新規・変更登録申込書」により、速やかに、標準コード変更登録の手続きをとって下さい。

とくに、あなたが同じものを何度も輸入するタイプの業者であれば絶対にお勧めする。区分3〜区分5になる確率は飛躍的に少なくなる。私の実務レベルでの経験則である。

海上保険はなぜ必要なのか？

あなたの貨物が万が一被害を被ったときの損害をカバーする海上保険は、基本的には任意である。つまり、かけなくても自由だ。しかし実務的には、必要不可欠なものである。海上保険は、船舶の沈没はもちろん、破損、濡れそして盗難をもカバーするのである。くれぐれも無保険で輸入をしてはいけない。リスクが多過ぎる。必ず手配をすべきである。

私にはこんな経験がある。

ある日、一本の電話が鳴った。フォワーダー（国際貨物運送業者）からの電話であった。B/Lなど船積み書類をもとに、混載のコンテナを開けて荷主毎に貨物を仕分けしていたところ、あるべき私の会社の貨物がないというのだ。船積み書類には間違いなくそのコンテナに積まれたことが示されている。中国で積み込ん

第4章　契約時に陥る罠とスムーズな代金決済・輸送法

だ担当者のサインまであるのだ。

しかしである。フォワーダーがその問題のコンテナを開けたときは、その貨物は忽然と消えていたというのだ。不思議な話ではないか。現実に貨物は見当たらないのだ。怪談話じゃあるまいし、私はきつねにつままれたような気分になった。しかし実話なのである。

それから調査は始まった。しかし、結論は今もって定かでない。

可能性として考えられるのは、コンテナに積まれて閉められるまでの間に盗難にあったのだろうということである。聞くところによると、現地ではよくあることだそうだ。

私は驚いてしまった。日本では考えにくいことだからだ。

とくにこの小口貨物は、日本のある有名キャラクターブランドのOEM（相手先ブランドによる生産）商品であったため狙われたのである。現地でも人気のキャラクター商品のため、換金性が高いのだ。

もちろん、海上保険で私の会社の金銭的負担はなかったが、キャラクターブランドのお客様からはきついお叱りを受けたことは言うまでもない。

それでは、相手とあなたのどちらが保険を手配するのだろうか？　引き続き見てみよう。

これは相手との事前の契約内容によって変わる。契約書に記載される貿易条件の取引内容の部分で決まる。実務レベルで使われる頻度の高いものは、次の四つの条件である。

155

- EXWORKS（EXW＝工場渡し条件）
- FOB（本船渡し条件）
- C&F（CFR＝運賃込み条件）
- CIF（運賃・保険料込み条件）

これらについては第6章にて詳述するが、少しだけ触れておこう。

あなたとメーカーの間での商慣習や制度の違いによって、取り決め事項の解釈に誤解が生じれば、後日の紛争の原因になる恐れがある。そのために、国際商業会議所が取り決めたインコタームズ（貿易条件の解釈原則として規定されたもの）と呼ばれる国際ルールに基づき、契約を結ぶことが実務的である。共通の理解を共有できるからである。

主な規定事項は、貨物に対する「あなたとメーカーとの間の危険負担の移転の時期」「義務と責任」「保険手配」などである。

ちょっと難しいであろうか。簡単に言うと、貨物に万が一のことがあった場合にその時点でどちらが責任をとるのかということを、事前に取り決めているという理解でいい。

この辺は非常に奥深いところであるが、今のところはここまでにとどめよう。

ここからは私個人の見解である。

第4章　契約時に陥る罠とスムーズな代金決済・輸送法

私個人としては、保険の手配は私自身で日本の保険会社に依頼するようにしている。万が一のことがあった場合の手続きが簡単なのと、対応が早いからである。そのため、結果として私は貿易条件はFOBやC&Fを選択している（218ページ参照）。

このことを私は本音でお勧めしている。あなたも日本で手配してみてはどうだろうか。結果的にそれがあなたの手をわずらわせないのである。

海上保険の賢いかけ方とは？

海上保険には、どんな種類のものがあるのか。どれに入ればいいのか見てみよう。

ずばりお勧めは「オールリスクA／R条件」である。

オールリスクの文字通り、すべての外部的な偶発原因によって起きた損害について、程度を問わずにカバーされる保険条件である。損害内容には、沈没、大火災、濡れ、衝突、強盗などがある。

157

ただし、次の場合はカバーされないことも知っておこう。

- 被保険者がわざと与えた損害
- 商品の梱包が不完全なために起きた損害
- 航海の遅延による損害
- 貨物固有の性質によって生じた損害
- 戦争およびストライキによる損害

実務的にはこのオールリスク条件に特約保険の「戦争保険」と「ストライキ暴動保険」を追加してかけることをお勧めする。これでたいがいの損害に対応できることになる。CIFで輸入をするときは、輸出業者に「戦争・ストライキ保険」の追加を義務付けておくことである。また、CIFの場合、日本でのオールリスクに含まれている「TPND」特約が含まれていないこともあるので、あわせて義務付ける必要がある。TPNDとは、盗難(Theft)、抜き荷(Pilferage)、不着(Non Delivery)のことである。

強盗の場合は、もともとオールリスクがカバーできるが、盗難はカバーされていないからである。少し複雑ではあるが避けて通れない部分である。理解して押さえておこう。

第4章 契約時に陥る罠とスムーズな代金決済・輸送法

■海上輸送ではどんな損害が起こりえるのか？

海上輸送にはリスクがたくさん!!

沈没／大火災／漏損／座礁／爆発／衝突／強盗／暴風／投げ荷／洪水ぬれ／曲がり損／かぎ損／他貨物との接触／油脂・泥土・酸汚損／汗ぬれ／投荷波ざらい／ねずみ食い虫食い／不足／船長・船員の悪行／むれ損／盗難／抜け荷／不着

＋

戦争／ストライキ

> やっぱりオールリスクA/R条件の海上保険が安全だね。戦争とストライキは含まれないからプラスして入ればいいね

第5章 どん欲に儲ける!〈実践〉国内マーケティング!

あなたは商品を誰に売りたいのか?

あなたは、あなたの商品を誰に売りたいのか。低所得層向けなのか? 中所得層なのか? 一部の富裕層なのか? それを明確にしよう。

次に、その相手にどのように情報を発信するのかを考える。直接売り込むのか? 間接的に誰かを介して売り込むのか?

そして直接売り込む場合は、オンライン(インターネット)を使うのか? オフライン(面談方式)でいくのか? 一方、間接的に売り込む場合なら、問屋経由なのか小売店なのか? 通販業者なのか?

あなたが売りたいターゲットを明確にし

■間接的に売り込む場合は?

問屋 or **小売店** or **通販業者**

あなたの商品の特性に合った方法を選ぼう

第5章 どん欲に儲ける！〈実践〉国内マーケティング！

て、そのターゲットに一番影響力を持つ手法と媒体を選べばいいのである。

たとえば、あなたの商品が新奇性の高いものなら、通販業者はいいパートナーになる。逆に日用品であれば、専門の問屋経由で有力販売店を通すことだ。そして売りたいターゲットに届けるのだ。この手法は費用対効果が高い。また、ブランド性の高い希少価値の高いものであるなら、インターネット販売が適している。

あなたの商品の性質とチャネル（販売先）との相性が存在するのは事実である。しかし一番重要なことはそのことではない。あなたが誰に売りたいのかという思いである。チャネルの選択はそのための手段にすぎないのだ。

あなたがどうしたいのか（コンセプト）をハッキリさせることは必須である。

「あなたのブランドを立ち上げませんか」のフレーズが持つ魅力的すぎるオファー

輸入ビジネスの基本は、あなたの目利きで輸入した商品を販売することである。しかし輸入ビジネスには、もう一つおもしろい側面がある。輸入業者は、国内の顧客に対してはメー

カー的な側面を持つということである。

実際、PL法（製造物責任法）上（214ページ参照）では、輸入品の製造物責任は輸入者が負うことになっている。

もう少し詳しく話そう。これはどういうことかと言うと、あなたのお客様にメーカー的な提案をできるということである。こう言えばいいのである。

「あなたの新感覚によるニューブランドを立ち上げませんか」
「私どもがお手伝いをします」

魅力的だとは思わないか。お客様は自分のアイデアを提供すればいいのである。デザイン、コンセプトを詳細に打ち合わせして試作品をつくり、プライベートブランドに育て上げていくのだ。

あなたの顧客にとっても、リスクの少ない割には魅力的なオファーに映るはずである。ぜひ試してみてほしい。

第5章 どん欲に儲ける！〈実践〉国内マーケティング！

■あなたのメインターゲットは？

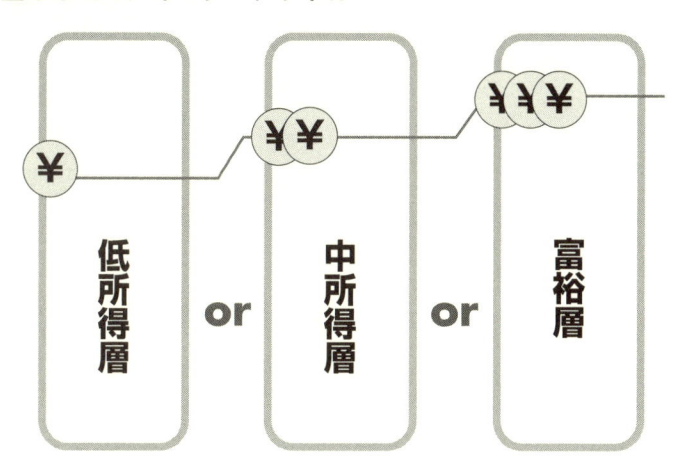

低所得層 or 中所得層 or 富裕層

■直接ユーザーへ売り込む場合は？

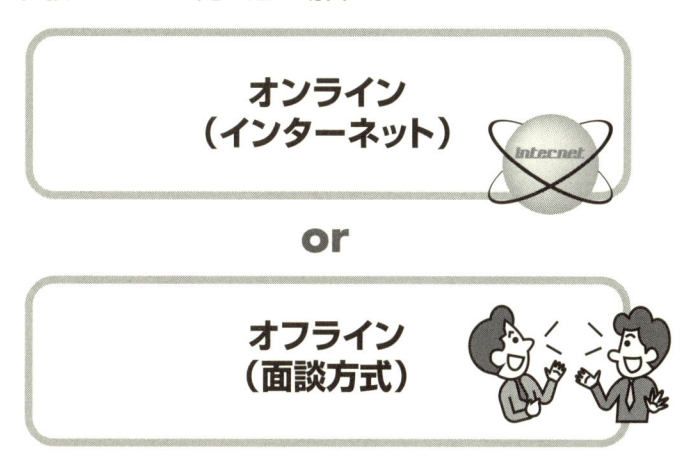

オンライン
（インターネット）

or

オフライン
（面談方式）

フェアトレードで あなたの立ち位置をつくる！

あなたは「フェアトレード」という言葉を聞いたことがあるだろうか。

フェアトレードとは、開発途上国の底辺で貧困にあえぐ人々に対して単に資金援助するのではなく、生産者である彼らと直接高い値段で継続的に取り引きをすることである。

あなたは直接、生産者と取り引きすることによって海外問屋、海外商社をカットする。結果的に生産者に少々高めに支払っても、日本での定価設定は競合店より少し安めに設定できる。生産者は定期的な収入を得ることによって、安定した生活をおくり、彼ら自身で社会を発展させることができるのだ。

フェアトレードは、1960年代に発展途上国の自立を促すという人道的側面の強い社会運動としてヨーロッパに始まった。輸入ビジネスを通して国際貢献を自分のミッション（使命）にする。何といっても志がいい。

これであなたの立ち位置は明確になるのである。

私も少なからずこの運動に関係している。以前にクライアントとのジョイントによって国からの支援を受けたことがある。私は貿易に関するアドバイザーとして、販路開拓プロデュ

第5章 どん欲に儲ける！〈実践〉国内マーケティング！

サーという立場でクライアントとともにタイとのフェアトレードに取り組んだのだ。

そしてその商品のマーケティングのため、東京インターナショナルギフトショーに出展を試みた。コンセプトは「買い物で国際貢献を」だった。

私たちのフェアトレードは、テレビ局にも取り上げられ喝采を浴びた。

このフェアトレードは、これからの輸入ビジネスの一つのモデルになることは間違いないだろう。

ボランティア精神が豊かなあなたには、うってつけのビジネスモデルになる。

■フェアトレードされているものとは？

ジャム	スカート	ポーチ
塩	カットソー	オーガニック製品
コーヒー	ストール	フォトフレーム
ドライフルーツ	ジャケット	なべ敷
チョコレート	ベットカバー	クッション
紅茶	パンツ	ほうき
帽子	テーブルクロス	スリッパ
バッグ	ステイショナリー	バンダナ
のれん	インテリア小物	キーホルダー
エプロン	アクセサリー	etc.
Tシャツ	バスタオル	

海外の超有名ブランドを並行輸入で売りさばく！

並行輸入とは何か。ブランド品にからんでよく聞く言葉である。

超有名ブランドの多くは、日本に独占販売権を与えた輸入総代理店を持つ。たとえあなたがいくら販売力があったとしても、ブランドメーカーから直接買えないのだ。しかしブランドメーカーも世界中に販売網を持つ。あなたがそこから買う分には、何も問題はない。

ここで疑問がわくだろう。メーカー直接ではなく海外の輸入業者や小売り業者から輸入して採算に合うのかと。

結論的には、商売になっているのである。

それはなぜか。海外の販売価格が、国内の販売価格より格段に安いからである。第3章で解説したように、独占販売権を持つ輸入総代理店が高めの価格設定をしているからだ。輸入総代理店は、ブランドイメージを高めるために広告に巨費を投じている。その結果おのずと価格は高くならざるをえない。そこをたくみについた商法である。

ただし注意しなければならないのは、偽物の輸入は禁止されているということだ。商標権の侵害になり、輸入差し止めになってしまう。

並行輸入のコツは、あなたの知識が深い分野の商品に限ることである。わからないものに手を出すのは、危険である。並行輸入されやすいものを挙げてみよう。

ペットフード、ウィスキー、ワイン、ブランデー、ハンドバッグ、アクセサリー、指輪、化粧品、スポーツ用品、サングラスなどである。

あなたの商品を映画やテレビに出演させるとっておきの方法とは？

映画やテレビに商品を出演させる！ そんな魔法の方法があるとすれば、あなたは興味があるだろうか。そんなことができたなら、あなたの商品の知名度は加速度的に広まる。いや加速しないほうが不自然だろう。

通常、商品を広告する場合、チラシ、新聞広告、雑誌、ラジオ、テレビ、インターネット上の広告などが考えられる。これらはいずれも有料である。公共の「パブリシティ」という手法を使って無料にする手もあるが、一般的には有料である。しかもかなりの広告費を覚悟しなければならない。

しかし、これからあなただけに伝授する魔法の方法は、お金を払うどころか、もらえる方

法なのである。「そんなことができるの?」と今あなたは思ったであろう。疑うのも無理はない。しかし事実なのだ。

トリックの種を明かそう。

映画やテレビで使われるインテリア、備品、ファッションなどは、専門の協力業者によって調達されることが多い。もう賢明なあなたはお気づきであろう。ズバリその協力業者にあなたの商品を売り込むのだ。

たったこれだけである。これであなたの商品が映画やテレビにデビューする確率は飛躍的に高まる。もしあなたの商品が「独占販売権付き」のものであれば、知名度アップが即売り上げアップにつながる。

実例をお話しする。

実は私の会社の商品も映画デビューして

私の会社の商品例(映画『クィール』で使用されたものと同じシリーズの写真立て)

第5章 どん欲に儲ける！〈実践〉国内マーケティング！

いる。盲導犬をテーマにした映画『クィール』に使用され、その後坂口憲二と松坂慶子が共演したTVドラマ『マザー&ラヴァー』においても、お部屋のインテリアとして飾られ注目された。

最近では、新ドラマの女王の呼び名が高い伊藤美咲主演で大ヒットしたテレビドラマ『電車男』でも、ヒロイン「エルメス」のお部屋のインテリアとして重要なシーンで多用され話題となった。

それ以来急激に問い合わせが増え、商品寿命が平均3か月、長くても半年と言われている趣味雑貨業界において7年以上にも及ぶロングセラーになっている。

まさに映画、テレビの力恐るべし。その影響力をまざまざと見せつけられた。

あなたも、ぜひチャレンジしてほしい。

国内見本市への出展は販売ルート開拓の王道

見本市への出店は確かにコストはかかる。しかし販売ルート開拓には最も有効な手段の一つである。

見本市では、ターゲットとするお客様が自分からあなたのもとにやって来る。営業を経験したことがあればおわかりだろう。見込み客を探すのがいかに大変な作業なのかを。

通常の見込み客発掘の手順を考えてみればよくわかる。

まず第一に、誰があなたの商品に興味を持つか仮説を立てなければならない。次にその仮説にもとづき、名簿業者などから名簿を取り寄せる。そして1軒1軒あたるのである。あなたの仮説が正しいという仮説のもとに。

その際のコンタクト手段は、メール・FAX・電話だろう。もしくは飛び込みセールス。そしてほとんどの相手から断られる。やっとの思いでアポイントを取り商談に出かける。サンプルやカタログそして提案書を携えて。何件も何度も……。気の遠くなるような手順である。あなたから見込み客を探しに行くのは、この位大変なのだ。しかし見本市の場合は、相手が自ら手を上げてくれる。見込み客のほうからブースを訪れてくれるのだ。効率的だとは思わないか。

あなたは網を張って待っていればいいのだ。そもそもあなたの商品に興味のない来場者は、あなたのブースには目もふれずに通り過ぎるだけだ。あなたは足を止めてくれる来場者のみに集中すればいい。このありがたさがおわかりいただけるだろうか。

マーケティングの本質が、見込み客をあなたの目の前に連れてくることだとすれば、見本

第5章 どん欲に儲ける！〈実践〉国内マーケティング！

市は最高のツールであることは間違いない。

ただし問題はこれからである。

第1章でお話しした通り、日本の見本市は顔合わせ的な要素が強い。しっかりとした目的意識を持って参加しないと、カタログ配布に終止することになる。あなたがただ単に名刺交換することで喜びを感じるなら別であるが……。

あなたがすべきことは一つである。いち早く真の見込み客を見極めることだ。

それでは真の見込み客を見極めるにはどうするのか。簡単である。その場で魅力的なオファーをして発注を促すだけでいい。たとえば次のように言うのだ。

> 「見本市の期間中の今ご発注いただけると、総額の10％お引きします」
> 「今ですと送料無料でサンプル発注を承ります」

これはとっておきのオファーである。これらを投げかけたときの相手の態度で見込み度合いがハッキリわかる。

私の会社では基本的に、見本市会場では旧来のお客様と発注いただいたお客様以外には、むやみにカタログを配らない。ほとんどが無駄になるからだ。ブースへの来場者は不思議な

もので、カタログをもらってしまうと目的が果たされたような錯角をする。結果そのカタログで注文が来ることはない。これは経験から得た事実である。

あくまで見本市は注文をその場で決めてしまうことをお勧めする。最悪でも、有力な見込み客との商談のアポイントはその場で決めてしまうことをお勧めする。

出展者の数は多い。あなたの大事な見込み客はいろいろな出展者のブースを回るのである。強いインパクトを与える必要がある。

国内見本市は、開催時の半年位前から告知され募集を始めることが多い。あなたは、あなたの商品に適した見本市をYahoo!やGoogleなどでキーワードを入れて検索してみればいい。

一例を挙げてみよう。

「家具 国際見本市」で検索してみるとIFTT東京国際家具見本市やJAPAN TEXインテリアトレンドショーなどの案内が出る。

そしてあなたは主催者に問い合わせをする。詳しい資料を請求して検討に入る。見本市にもよるが、スペースの賃料は3m×3mで30万〜40万円位である。

人気の見本市は募集と同時に殺到してキャンセル待ちなどということもありえる。早めに申し込んでスペースを確保しよう。初めての出展であれば、簡単な審査がある場合もある。

第5章 どん欲に儲ける！〈実践〉国内マーケティング！

■国内見本市に出展する手順

1. あなたに適した見本市を調べる
2. 見本市主催者へ出展の詳しい資料を請求する
3. 検討に入る
4. 出展コマ数を決め申し込みをする
5. 主催者より申し込み受諾の通知が来る
6. 出展者説明会もしくはコマ割り抽選会でスペースが決定する
7. ブース内装飾・商品レイアウトの検討・決定
8. 招待客の選定・絞り込み
9. 招待状の発送
10. 可能であれば電話で誘客を図る
11. 見本市当日を迎える

見本市のブースを上手に装飾する秘訣

スペースを確保できたら、次はブース内の装飾である。

人気の見本市を例にとると、国内外から2400余りの出展者が、それぞれの力を結集して出展してくる。あなたは、自社の商品の特性を最大限に引き出し際立つようなブース内装飾を考えなければならない。

基本的な装飾は主催者より提案されることも多いが、もし費用が許すのであればあなた独自のブース内装飾をつくり込みたい。

1ブース（3m×3m）をつくり込み装飾した場合、20万〜40万円程度のコストがかかるが、来場者の足を止めるには有効な手法である。

1ブースの場合だと3mでお客様はあなたのブースの前を通りすぎてしまう。たったの4歩である。2ブースでも8歩だ。よほどのインパクトがないと、あなたのブースは気づいてさえもらえないのである。かなりのブースパフォーマンスを要求されるのだ。

参考までに私のつくったつくり込みブースの写真を次ページに掲載しておいた。イメージとしてはおわかりいただけるだろうか。

第5章 どん欲に儲ける！〈実践〉国内マーケティング！

ブース装飾をイメージできたら、あとは施工はプロに委任することになる。

見本市で効果的に集客するバツグンの方法

次はいよいよ集客である。

主催者は主催者サイドで招待状を発送する。

しかしあなた自身も、自分のブースに確実に訪れてくれるお客様に対して招待状を出すべきだ。すでにお客様を多数持っていれば招待状の送り先には困らないだろう。

あなたがこれから本格的に輸入ビジネスを始めるという起業家（アントレプレナー）である場合はとくに、あなたが売り込みたい相手を特定する必要がある。この部分は重要である。誰

つくり込みブースの例（私が東京インターナショナルギフトショーに出展したときのもの）

に売りたいかというのは、企業のミッション（使命）、コンセプトなどにからむ根本的な命題だからだ。

売りたい相手は問屋なのか？　小売店なのか？　通販業者なのか？　少なくともメインターゲットを定めるべきである。そうしないと軸がぶれる。差別化戦略がとりにくくなる。

次に進もう。ターゲットを決めたらターゲット客の情報収集をする。住所、電話番号、FAX番号、担当者は最低押さえたい項目である。

そしてレター付きで招待状を送付する。この招待状にはティーザー（好奇心をそそるもの）と呼ばれる封筒を開けさせるためのしかけをする必要がある。

たとえば、次のような簡潔なキャッチコピーである。

開けないと損をします
10％引きになるチケット在中
サンプル引換券在中

招待状や招待状用の封筒は、主催者から供給されることも多い。したがって有力バイヤー（買い手、輸入業者）には、同じ封筒のDMが大挙して届くことになる。バイヤーにとって

第5章 どん欲に儲ける！〈実践〉国内マーケティング！

■思わず開けてしまう招待状用の封筒とは？

〒○○○-○○○○
品川区西五反田
・・・・・・・・・・・
・・・・・・・・商事
バイヤー・・・・・・・・様

必ず切手を貼る　　　住所はできれば毛筆で手書き

手書き

開けないと損をします

〒965-0058
会津若松市町北町大字中沢字平沢85-1
株式会社マルオ　　大須賀裕

手書き

> 今は宛先シールが多いから毛筆の手書きだといかにも私信って感じでいいよね。
> 切手もスタンプより暖かみがあるね。
> 何よりも開けないと損をするって言われたら誰でも気になるはず。
> 開けなかったら眠れなくなりそうな感じがするものね

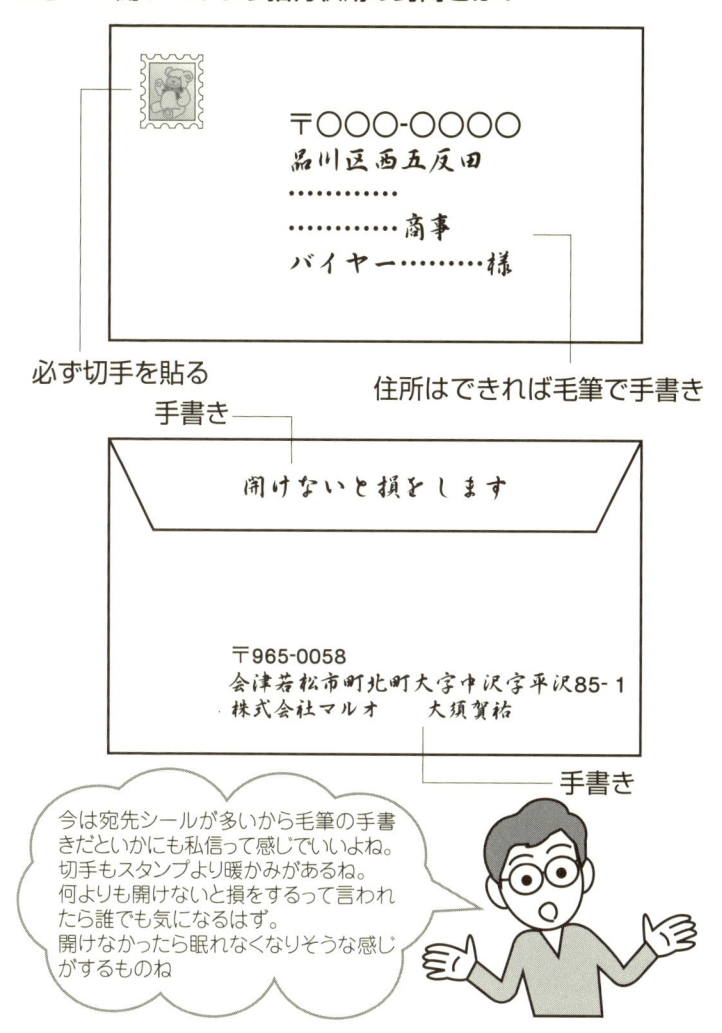

■招待状（集客用ダイレクトメール）の文面のサンプル　1

　　　＿＿×××× ＿＿＿＿様

店舗運営上、**新商品の動向**には敏感にならざるを得ない。

そのため、**貴重な時間や労力、経費を使って**ワザワザ展示会に出向いたが結局何も得るものがなかった。

展示会に行くのはムダではないのか？

もしあなた様がチョットでもそう感じることがあったなら、マルオがそんな憤り解消のお手伝いをします。おこし頂きその場で商品決定頂いたお客様に、ご足労料として**総額の１０％返還**します。

　　　　ex. ¥30,000決定 ⇒ ¥3,000返還

＜せっかく行った展示会がムダになる例とその理由そしてその解決方法＞

例１、　時間がなくてじっくり見れない
　２、　後で戻って検討しようと思っているうちに商品やブースを忘れる
　３、　帰ってからカタログで検討と思ってもカタログ整理が大変である
　４、　会場では良いと思っても時間がたつとそれほど感じなくなる
　５、　あとで発注したらメーカーが商品切れになっていた

結果、ムダ足になってしまう。

ギフトショー事務局よりのアンケート報告で７０％の来場者が１日で見るとの回答になっています。広い会場を１日で見るの大変で、時間がなくなるのは当たり前です。また、コマ割が均一なので、場所も分からなくなりがちです。それには、事前に立ち寄るブースを決めておき自分なりにコースを決めておくことが有効ですが、それだけではせっかくいっぱいあるブースがもったいなく感じられます。まさにここに最終的にはムダになってしまう理由があるのです。時間を気にするあまり商品に集中できずにとりあえず回ってみるという中途半端な結果に陥り、大事な商品発掘の場がたんなるウォーキング場となってしまう瞬間です。

■招待状(集客用DM)の文面のサンプルの続き　　2

ここで一旦場所をあなた様の店舗もしくはどこでも良いですが一般ユーザーの気持ちになってショッピングをしていることを想像してみてください。このところ特に消費者の購買動機は目的買いになってきています。お客様は目的のもの以外にはほとんど目もくれないで、お店に入った瞬間に目的物の場所を瞬時に判断します。そして発見と同時突進します。たどり着いたらその商品が本当に目的に沿ったものなのかじっくりある程度時間をかけて吟味します。この吟味が最大のポイントです。吟味の意味にはもちろんいろいろな要素が含まれていますが、探していたものかどうか・色、形はどうか・サイズはどうか・お値段はどうか、などが代表的な吟味の対象です。そしてこの吟味の対象には購買にいたる最大にして最重要な要素が抜けています。それはこの商品が気に入ったかどうかです。商品を気に入るか気に入らないかは目にした瞬間に決定しているからなのです。吟味とは商品が瞬間的に気に入った後、それを購買する動機付けをしている行為に過ぎないのです。気に入った商品はその後の吟味イコール動機付けにより購買にいたる可能性が非常に高く、反対に気に入らない商品は吟味すらされず、またもしその他の条件をクリアしたとしても最終的になかなか購買にはつながりません。そしてその気に入る・気に入らないという判断は本当に最初に目にした瞬間ヒラメキ的に決まるのです。

この内容をギフトショー会場のあなた様に置き換え、最初に五つ上げたムダになる例の解決方法をマルオは考えました。

ギフトショー会場に着いたらまず一番最初にマルオブースに立ち寄っていただく。冒頭に申し上げました足代がいくらかでも還元できる１０％返還チャンスがあります。あなた様の目に瞬間的にとまる商材がきっとあります。気に入った商材がありましたなら後で忘れてしまって後悔する前にご決定ください。サンプル購入でも良いんです。気に入った感覚を忘れないためにも、また商品会議などにかける場合でもカタログだけでものがなくては伝わりません。商品の持つ感性はそれを実際に手にとってみなければ分からないのです。
今回マルオはブースを東６ホール入り口正面の一番大きな通路にご用意しております。その上その場所は、一番人気の<u>Ｎインポートギフトフェアとホームファッショングッズフェアの境目</u>にございますので、あなた様の有意義なギフトショーを始めるにあたっては絶好のロケーションとなっております。
人間の脳は忘れることのほうが得意です。特に自分にとって悪いことより良いことの方が顕著だといわれております。気に入った商品との素晴らしい出会いもその例に漏れません。また、チャンスは前髪にしかないと言った人がいます。後で追っても手に入れることはできないとの喩えです。マルオは自社倉庫を持ち在庫は十分ご用意しておりますが、あなた様の目にとまった商品は誰もが気に入る商品です。またすべて輸入品ですので、後になればなるほどご要望に応えられないケースが多々あります。事実前回秋のギフトショーでは、最大４ヶ月お待ちいただいたお客様もございます。

最後に**決して損はさせません。**ぜひともマルオブースへお立ち寄りく

■招待状(集客用DM)の文面のサンプルの続き　　3

ください。スタッフ一同あなた様のギフトショーを有意義な商品選定の場に変えるお手伝い
をさせていただきたく心よりお待ち申し上げております。

　　　株式会社　マルオ　　　　代表取締役　大須賀　祐
　　　JETRO認定貿易アドバイザーNO.486　　エヴォルビングスーパートレーディングエクスパート
　　　TEL0242-25-4151(代)　　　FAX0242-25-4154
　　　E-mail maruo.co@maruo-importer.com　　http://www.maruo-importer.com

記

会　　　期　：２００５年２月１５日(火)～１８日(金)

会　　　場　：東京ビッグサイト

ブース番号　：東6ホールNフェア６２６５～６２６６

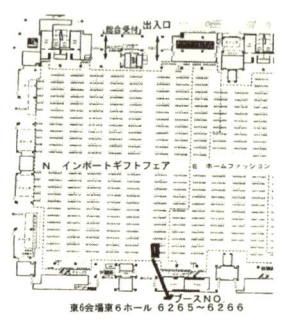

※　ご来場の際には同封致しました１０％返還券をかならずご持参下さい。

------キリトリ------

御社名		総仕入れ額の **10%返還券** 開期中会場にて
ご担当者		
TEL		

182

第5章 どん欲に儲ける！〈実践〉国内マーケティング！

は1通だけ見れば情報は得られる。その1通に、あなたのDMはなるべきなのだ。以上で、なぜしかけをしなければならないか、おわかりいただけたことと思う。

見本市出展に不可欠な販売ツールとは？

見本市は商談の場である。これは間違いない。しかし、日本での見本市はそこまで成熟していないのも事実である。すべての見込み客に対して、ブース内にて商談を完結できない場面も想定しておく必要がある。

基本的には、あなたのブースに立ち寄った来場者は、形はどうあれあなたの商品に興味を持った。これはまぎれもない真実だ。今すぐには受注にはならないが、将来の顧客になる予備軍の可能性がある。次回の展示会へのお誘いをする相手先でもあるのだ。

そういった来場者の連絡先などをぜひ知りたい。一体どうすればいいのか。ズバリ簡単なアンケートに答えてもらうのである。

ひな形を185ページに紹介したので参考にしてもらいたい。あなたの業種、業態に応じて多少の変更を加えるだけですぐに使えるだろう。見本市出展の際に不可欠な販売ツールと

183

なる。

なぜこれが不可欠なツールなのか。それは、このアンケート用紙に相手名刺を添付の上、連絡先以外にそのとき知りうる限りの情報を書き込んでもらえるからだ。

繰り返すが、見本市には非常にたくさんの来場者が訪れる。そのため名刺の交換だけでは、あとになって相手のニーズ・ウォンツの情報がないため、フォローのしようがないのである。

もちろん、相手があなたにかなりのインパクトを感じない限り忘れ去られるということも忘れずにいただきたい。

見本市終了後、このアンケート用紙は、後日のアプローチの際の強力なツールになるのだ。私の経験では、アンケートに答えてくださったお客様の90％以上は電話での商談に応じてくれる。相手の要望を知っているために話を切り出しやすいからだ。アポイントが必要な際にも相手の承諾率が圧倒的に高くなる。必ず用意すべきツールである。

第5章 どん欲に儲ける!〈実践〉国内マーケティング!

■見本市のブースで配るアンケートのサンプル

東京ギフトショー2005秋(日付　　／　　)
　　　　　　　　　　(時間　　：　　)

お客様ご要望アンケート

貴社名

ご住所

TEL

御担当者

※　アンケートにご協力ありがとうございます。該当するところを○でお囲みください。
お客様にとって最良のサポートをお約束するために全項目かならずご記入よろしくお願い申し上げます。　※

①	貴社の業態をお教えください	インテリア小売店　雑貨小売店　チェーン小売店　家具店　ギフト店　百貨店　量販店　通販　Webショップ　雑貨問屋　その他問屋　輸出入商社　メーカー　その他(　　　　)
②	お客様のお取り扱い商品をお教えください	インテリア雑貨・小物　趣味雑貨　生活雑貨　家具　ステイショナリー　ベビー用品　テーブルウェア　キッチンウェア　ウェア　アクセサリー　アロマ　バス・サニタリー　おもちゃ　家電　ペット　健康食品　薬　その他(　　　　)　飲食関係　建築関係
③	弊社ブースのなかで興味のあるアイテムをお教えください	バースストーンベアクリップ　ジェニファーテイラーシリーズ　レースシリーズ　オルゴール楽器シリーズ　ガラスフレーム・置物　セラミックフレーム　セレブリティピルケース　グラスベアオルゴール　ビスクドール　グラスポプリランプ　アンティークフレーム　クリスマスフレーム　その他フレーム　アロマオイル　タイニーベア　その他(　　　　)
④	ご本人様にご連絡をとる場合の希望通信手段をお教えください	1、名刺の　TEL　　FAX　　メール 2、名刺と別の場合はお書きください(かならずご記入お願い致します) 　TEL　　　(　　－　　－　　) 　FAX　　　(　　－　　－　　) 　メール
③	仕入部門が別の部門もしくは別担当者様の場合はご記入ください	1、部門(部署)名 2、ご担当者様名 3、通信手段　　　TEL　(　　－　　－　　) 　(かならずご記入　FAX　(　　－　　－　　) 　お願い致します)　Mail
④	お客様のご要望	1、購買ご希望 2、商談希望 3、WEBにて商品閲覧希望 4、その他(　　　　)

※　アンケートご記入ありがとうございました　※
わたしたちは笑顔でがんばっています。お客様の笑顔も見たいのです!!

株式会社　マルオ
担当

インターネットを使ったドロップシッピングで販売網をつくる!

ドロップシッピング?　何だろうそれ。そんな声が聞こえてきそうである。

ドロップシッピングとは何か。解説しよう。

簡単に言うと在庫を持たない直送販売システムである。

あなたは、在庫を持たずにあたかも自分で用意した商品のように販売をする。

しているメーカーがあなたの代わりにお客様にその商品を直送してくれるというしくみだ。そして契約

海外では、ポピュラーな方法なのだが、日本ではまだ認知度は低い。

このシステムのいいところは、価格をあなたが決定できることと、在庫というリスクを持たずに商品の販売だけに集中できることである。

海外のドロップシッパー（商品を直送してくれるところ。つまりこの場合はサプライヤー）と契約して、ホームページに集客をして販売する近未来型のビジネスモデルだ。もしくは、あなたが輸入した商品をあなた自身が国内でのドロップシッパーになって、あなたの商品を販売してくれるパートナーを集めるというビジネスモデルも可能である。

これからはやるであろうビジネスモデルと言えよう。

サンプルの段階で参考小売価格を決める㊙テクニック

本来、サンプルを入手した段階において小売価格は決められない。前述したように、小売価格を出すためには仕入価格がわからなければならないからだ（190ページ参照）。

あなたはサンプルの段階では、輸入に関するコストがいくらかかるのか、検討もつかないだろう。

ところが、商談で前受注を獲得するためには、お客様に価格を提示する必要がある。こういう場合、何を根拠に参考小売価格を決めるのか。このことがわかれば知りたいはずだ。これは必携のノウハウなのだ。

読者のなかには、私の会社の物販のお客様もたくさんおられることと思う（あなたもそうかもしれないが）。本来ならあまり触れたくない話だ。しかし他ならぬあなたのためである。秘伝中の秘伝をそっとあなたにだけお教えしよう。

結論から伝授する。

相手（海外の輸出業者）に示された価格（たとえばEURO20 FOB Valencia）を日本円に換算して、それを4倍にするのだ。それが暫定価格となる。

この場合、ユーロをいくらに見るのかが重要である。ユーロは今日（2006年6月22日現在）146.90円である。この場合、ユーロは150円と見る。これは第6章の為替リスクで詳述するが、円安にふれたときのためである。

さらに続けよう。

するとこの商品は、スペインのバレンシア港渡しで3000円ということになる（20ユーロ×150円＝3000円）

これの4倍であるから、

3000円×4＝1万2000円

これが目安の参考小売価格になる。

いかがだろうか。あくまで目安である。しかしこれを知ると、サンプルの段階で見込み客（国内の販売先候補）に価格を求められたときに即座に日本での暫定小売価格を提示することができる。

そして、その価格が日本市場でどういった位置付けの価格なのかが一発で判断できるのである。

その暫定価格が相場として高ければ、相手に提案できるのだ。

「この価格のままでは、市場で受け入れられない」
「10％の値引きをして売ってもらいたい」

というように。

お客様との前商談のときだけではなく、現場で輸出業者に発注する際にも力を発揮するノウハウだ。

ちなみに、アジア諸国からの輸入の場合は、5倍にする。欧米からの輸入品は、4倍以上の小売価格に設定すると、高いと感じる場合が多い。一方アジアからの輸入品は、物価水準が安い分だけ5倍に設定しても値頃感が出せるからである。

誰もが悩む価格の付け方は
ズバリこうする！

さあいよいよ本格的に「値付け」（価格の設定）の説明に入ろう。

値付けは、あなたの市場戦略そのものだ。多方面からじっくりと練り上げる必要がある。

まず、あなたがお客様に示す価格（値段）は二種類ある。それから説明していく。

一つずつ見ていこう。

一番目は、定価（標準小売価格、上代(じょうだい)とも言う）と呼ばれるものである。これはなじみ深いものだろう。いわゆる消費者への最終販売価格だ。

通常、この価格は、国内ではメーカー、輸入品の場合は輸入業者が決定する。この定価を決める方法は二通りある。

(1) コストプラス方式（加算方式）

商品の仕入原価をはじめ、物流コスト、マーケティングコストなど、輸入品には様々なコストがかかる。その積み上げられたコストに、あなたの利益、問屋の利益、小売店の利益を

第5章 どん欲に儲ける!〈実践〉国内マーケティング!

■定価を決める2つの方法

❶ コストプラス方式（加算方式）

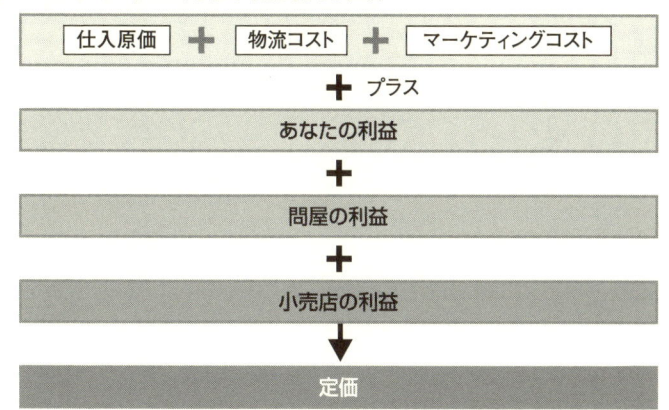

| 仕入原価 | ＋ | 物流コスト | ＋ | マーケティングコスト |

＋ プラス

あなたの利益

＋

問屋の利益

＋

小売店の利益

↓

定価

❷ コストブレイクダウン方式（逆算方式）

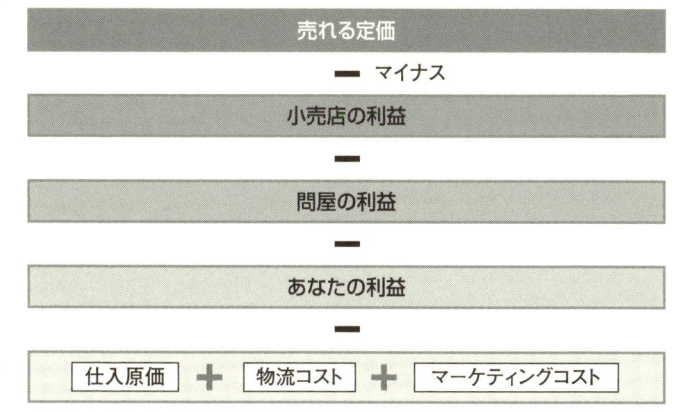

売れる定価

− マイナス

小売店の利益

−

問屋の利益

−

あなたの利益

−

| 仕入原価 | ＋ | 物流コスト | ＋ | マーケティングコスト |

プラスして定価をつくる方法である。いわゆる売りたい値段だ。しかし、ライバルとの競合や値頃感が意識されない価格になる場合があるので、注意が必要だ。

(2) コストブレイクダウン方式（逆算方式）

この方式は、最初に、あなたのお客様が満足するであろう定価を決定してしまう方法である。最初の段階から、競合の度合い、あなたの商品の持つ希少性、文化的価値を考慮の上で決める。

いわゆる商品として消費者に受け入れられる価格である。この方法の場合、あなたの希望利益を削らなければならない場面があることを承知しておこう。

私の会社の実務レベルでの値付け法を公開しよう。前述した参考小売価格を決める方法と原則同様だが、ぜひ覚えておいてもらいたいことなので改めて説明する。

❶ 現地で提示された価格の4倍に設定する（アジアの場合は5倍）

❷ この場合、得られた暫定定価が値頃感がなく、競争力がない場合はサプライヤー（供給者＝輸出業者・メーカーの両方を指す）に値引きを申し入れる

192

第5章　どん欲に儲ける！〈実践〉国内マーケティング！

❸ 値引きが受け入れられれば、その価格を本格オーダーの際の定価にする

万が一、値引きが受け入れられない場合は、その時点であきらめる。

自社の利益を削るという手もないわけではない。しかし、輸入ビジネスには思いもかけない損失や経費が発生することも多い。それらを考えた場合、利益を自らの意思で最初から削るのは得策ではない。すっぱりとあきらめる勇気もときには必要なのである。

ただし例外がある。その商品が独占販売権の可能性があったり、成長期にある場合は、利益を削っても販売をすることがある。将来性を見ての判断である。

以上が値付けの一番目の方法である。

次は二番目の方法だ。

欧米など外国において使われる「出し値」（下代とも言う）である。

この出し値は、BtoB（プロ対プロ）取引でよく使われる価格である。ズバリあなたとメーカーとの間で実際に取り引きされる価格だ。

外国では、メーカーが定価を決めるという考え方、制度はもうなくなってしまっている。

193

販売価格は、個々のお店や会社の重大な経営戦略の一つであるという考え方に根ざしている。平たく言うと、人の儲けをメーカーが決めるのは余計なお世話だという考え方だ。もっともな話である。フェアな関係を重視する欧米らしい考え方である。

輸入業者・問屋・小売店の理想のマージンは？

「マージンは、多ければ多いほどいい」。100人に聞けば100人がそう答えるであろう。

もちろん私も例外ではない。

しかし現実はどうだろう。業界や業種によってばらつきはあるが、大体の相場が決まっているのだ。

たとえばインテリア雑貨を例にとってみよう。

価格1万円のテーブルランプがあるとしよう。これはどういう比率で分配されるのであろうか。小売店が40〜45％（4000〜4500円の利益）、問屋が10〜15％（1000〜1500円の利益）、輸入業者が15〜25％（1500〜2500円の利益）、メーカーが15〜35％（1500から3500円の原材料費＋利益）、が標準的な目安である。

194

第5章 どん欲に儲ける！〈実践〉国内マーケティング！

■商品の価格構造はどうなっているのか？

定価1万円の商品の価格の内訳

①
3500円	1500円	1000円	4000円
メーカーの原材料費＋利益	輸入業者の利益	問屋の利益	小売店の利益

②
2400円	2000円	1300円	4300円
メーカーの原材料費＋利益	輸入業者の利益	問屋の利益	小売店の利益

③
1500円	2500円	1500円	4500円
メーカーの原材料費＋利益	輸入業者の利益	問屋の利益	小売店の利益

無数のパターンが考えられるが、あくまで目安として見てほしい

するとメーカーからの仕入原価は最大で定価の35％、最小で15％位におさめるべきということがわかるはずである。もちろん業者間の力関係や競合などの状況によって、違いがあることは言うまでもないが。

さて、重要なのはこれからである。

私が第1章であなたに直輸入をお勧めした理由が、今とき明かされるのである。

もし、あなたが小売店だとしよう。従来は、あなたがいくら努力しても、せいぜい価格に対して40〜45％程度の粗利であった。しかしあなたが直輸入をすればどうなるのか。価格に対して最大で75〜85％の粗利になるのだ。同様に、あなたが問屋なら、価格に対して25〜40％の粗利になる。

どうであろう。あなたの利益は見事に2倍になったではないか。

輸入採算表をつくってみよう！

価格の説明をしたところで、さらに輸入ビジネスの採算について考えたい。大切なところである。そこでここでは、理解を深めるために一緒に輸入採算表（諸条件明細表）を参照し

■輸入採算表(諸条件明細表)のサンプル

<u>輸入採算表</u>

No.

年　　月　　日

1.諸条件明細表

①	相手国		⑦	積出地	
②	取引先		⑧	積出日	
③	見積書	年　月　日　第　号	⑨	受渡場所	
④	品名		⑩	貿易条件	
⑤	数量		⑪	支払条件	
⑥	希望納期		⑫	国内販売先	

2.計算表

	項　目	金　額	摘　要
❶	工場渡し価格		
❷	輸出国国内運賃・通関費用		
❸	海上(航空)運賃		
❹	海上(航空)保険料		
	小計(A)		❶+❷+❸+❹
❺	輸入関税		
❻	消費税		
	小計(B)		❺+❻
❼	送金費用・信用状発行手数料		
❽	通関費用　1)通関料　　　　2)通関手数料　　　　3)各種届け検査等の費用		
❾	国内輸送料		
❿	輸入代行手数料		
⓫	販売管理費		
⓬	その他		
	小計(C)		❼+❽+❾+❿+⓫+⓬
⓭	仕入(輸入)原価　(A)+(B)+(C)		
⓮	1個あたりの仕入原価		⓭÷個数
⓯	1個あたりの粗利益		
合計			⓮+⓯
⓰	流通業者マージン		
⓱	売価(転売価格)		⓮+⓯+⓰

ながら説明していこう。

まずは、前ページにあるような諸条件明細表を埋めていこう。では計算表に進もう。なお以降に出てくる貿易条件など（英語の略称名）などは219ページを参照いただきたい。

▼ ❶工場渡し価格（EX WORKS価格）

貿易条件がEX WORKS（EXW）の場合、その価格を記入。それ以外の条件の場合は記入しない。

▼ ❷輸出国国内運賃・通関費用

工場からの運賃、運送保険、通関費用、船積みまでの費用のことである。FOBチャージとも言う。

▼ ❸海上運賃（航空運賃）

EX WORKSやFOBの場合に発生する。貿易条件がC&Fの場合は❶❷❸をくくってC&F価格を書く。

第5章 どん欲に儲ける！〈実践〉国内マーケティング！

▼❹海上保険料（航空保険料）

EX WORKS、FOB、C&Fの場合に発生する。貿易条件がCIFの場合は❶❷❸❹をくくってCIF価格を書く。

▼小計(A)

❶+❷+❸+❹を記入する。

▼❺輸入関税

発生する場合に記入する。

▼❻消費税

消費税はCIF価格に関税額をプラスしたものにかかる。

▼小計(B)

❺+❻を記入する。

▼ ❼送金費用・信用状発行手数料
支払いに関して発生する費用を記入する。

▼ ❽通関費用
輸入通関料以外に、各種取扱い手数料や各種検査料も含まれる。

▼ ❾国内輸送料
あなたの指定の場所までの運賃である。

▼ ❿輸入代行手数料
代行を依頼した場合に記入する。

▼ ⓫販売管理費
カタログ、パンフレット、広告、宣伝費などの費用を記入する。

▼ ⓬その他

▼ 小計(C)

❼＋❽＋❾＋❿＋⓫＋⓬を記入する。思いがけない損失などが発生した場合に記入する。

▼ 仕入（輸入）原価

小計(A)＋小計(B)＋小計(C)を記入する。

▼ ⓮ 1個当たりの仕入原価

⓭を仕入個数で割り、1個当たりの仕入原価を記入する。

▼ ⓯ 1個当たりの粗利益

あなたの希望する1個当たりの利益を記入する。

▼ 合計

⓮＋⓯を記入する。

- ⑯ 流通業者マージン

 あなた以外の流通業者の1個当たりの利益を記入する。

- ⑰ 売価（転売価格）

 ⑭＋⑮＋⑯を記入する。

輸入採算表で実際に価格を出してみよう！

それでは実際に数値を使いながら価格を導いてみよう。条件は次の通りとする。中国からガラスの小物入れ2万5000個を、1個につき1・5米ドルでCIFという条件で契約（レートは1米ドル＝115円）するとしよう。

- 小計(A)

 ❶＋❷＋❸＋❹を記入する。

 CIFは運賃・保険料込みという条件なので、計算表の❶〜❹まではすでに含まれている。

第5章 どん欲に儲ける！〈実践〉国内マーケティング！

したがって、❶〜❹をひとくくりにして小計(A)に総額を記入する。

この場合、2万5000個×1.5ドル＝3万7500ドルなので、3万7500ドル×115円＝431万2500円となる。

小計(A)には、431万2500円を記入する。

▼ ❺輸入関税

中国は特恵関税対象国なので0円となる。

0円を❺に記入する。

▼ ❻消費税

消費税はCIF価格＋関税に対してかかる。

この場合、431万2500円×0.05＝21万5625円を記入する。

▼ 小計(B)

❺＋❻を記入する。

小計(B)には、21万5625円を記入する。

▼ ❼ 送金費用・信用状発行手数料

前金30％の送金代金4500円、残金70％の送金代金4500円で、合計9000円かかる。

▼ ❽ 通関費用

通関料、手数料などに2万5000円かかるとする。❽に2万5000円を記入する。

▼ ❾ 国内輸送料

東京港より倉庫（会津若松市）までの20フィートコンテナの運送費は8万5000円である。❾に8万5000円を記入する。

▼ ❿ 輸入代行手数料

直輸入のため発生せず。0円を❿に記入する。

▼ ⓫ 販売管理費

カタログ制作費として5万円が発生。5万円を⓫に記入する。

▼ 小計(C)

❼＋❽＋❾＋❿＋⓫＋⓬を記入する。

小計(C)には、16万9000円を書く。

▼ ⓭ 仕入原価

小計(A)＋小計(B)＋小計(C)を記入する。

431万2500円＋21万5625円＋16万9000円＝469万7125円

仕入原価には、469万7125円を書く。

▼ ⓮ 1個当たりの仕入原価

469万7125円÷2万5000円＝187円（小数点以下切り捨て）になる。

1個当たりの仕入原価には、187円を記入する。

ちなみに今回は、中国からの輸入のため価格競争力があると判断して、コストブレイクダウン方式（192ページ参照）を使って原価の5倍の935円に暫定売価を設定してみよう。

もしこれがヨーロッパやアメリカからの輸入の場合は、原価の4倍の748円位が妥当であ

る。

たとえば、935円の価格のマージン構成比は、価格に対して小売店40％、問屋15％、輸入業者25％、仕入原価20％だとしよう（935円の5分の1は20％に相当する）。

あなたがもし輸入業者の立場になれば、小売店40％＋問屋15％＋輸入業者25％＝80％となり、最大80％までの利益になる。

今回は、あなたが輸入業者で直接小売をするという想定にすると、1個当たりの粗利益は

935円×80％＝748円となる。

❶⓯ 1個当たりの粗利益

売価の25％が輸入業者（あなた）の利益なので暫定売価935円×0.25＝233.75円となり、❶⓯の1個の粗利益は233円（小数点0.75円は切り捨て）。

▼合計

⓮＋⓯を記入する。

合計には、420円を書く。

206

▼ ❶⓰ 流通業者マージン

❶⓰の流通業者マージンは、今回の例ではあなただけなので定価935円から仕入原価187円を引いた748円になる。
流通業者マージンには、748円を記入する。

▼ ⓱ 売価

コストブレイクダウン方式で算出した仕入原価を5倍にした暫定売価を市場性があるものと最終判断し、そのまま売価にスライドさせる。よって売価は935円になる。

どうであろう。できたであろうか？
ちょっと複雑ではあるが、何度も書いているうちに慣れてくる。心配しなくても大丈夫だ。

第6章 クレームの対処法と本当に役立つトラブル解決策!

クレームという言葉の持つ本当の意味とは？

クレーム。あなたはこの言葉にどのようなイメージを持つだろうか。
たいていの人は、「文句を言う」「けちをつける」「不平を言う」そんな感じを抱いているのではないだろうか。この言葉ほど、私たちと海外の輸出業者・メーカーとの間で意味が違う言葉はないと思われる。
ズバリ要点を言おう。
クレームとは、海外の業者にとっては「損害賠償の請求をする」という意味なのだ。
ためしにお手元の英和辞典を引いてみてほしい。ちなみに私の使っている『英和中辞典』にはこう出ている。
（旺文社新英和中辞典・堀内克明編）

> Claim vi.（自動詞）〔法〕損害賠償（保険金）を請求する

日本ではそこまでの深い意味はない。ちょっと文句を言う程度の感覚でこの言葉を使うことが多い。しかし、海外の業者はそうは受け取らない。使い方によっては相手が気色（けしき）ばむこ

第6章　クレームの対処法と本当に役立つトラブル解決策！

ともあるから注意が必要だ。

以前こんなことがあった。

日本国内のとある世界的に著名なキャラクターメーカーからOEM（相手先のブランドで完成品、部品を供給すること）生産の依頼を受けたときのことだ。喜びいさんで私は中国のメーカー2社に設計図を渡し、サンプル製作を依頼した。

そのうち1社からサンプルが届き、早速、相手先との商談に入った。しかし微妙に設計図と寸法や形が違うのである。当然のごとく再度、製作をやり直しということになった。

私はメーカーに対して電話でこう切り出した。

私「実は、前回のサンプルについてお客様からクレームがあった。設計図通りの寸法じゃないし、形も違うようだが……」

相手「……」

私「あれじゃ商談がまとまらないから再製作してほしい」

相手「もうやりたくない」

私「どうして？」

相手「どうしてって？　なぜ寸法が違うくらいのことで損害賠償をしなければならな

211

いんだ。ひどいじゃないか。ミスター大須賀、もう君とは組めないよ」

私はあっけにとられてしまった。何がなんだかわからずに電話を切った。理由がわかったのはそれから随分あとのことだ。

何ということはない。「クレーム」という言葉が悪かったのだ。いや正確に言おう。言葉自体が悪いのではない。私の使い方がまずかったのだ。

この件はもう一社のメーカーで早急に対応してもらいことなきを得たのであるが、冷や汗ものだった。

ぜひとも十分に注意してほしい。ただ単に文句を言うという意味であれば、make complaint を使うことをお勧めする。

仲裁・裁判もあるが……現実的には？

トラブルやクレームについては、できるだけ話し合いでまとめるようにすべきである。

しかし不幸にも、円満に解決ができない場合にはどうすればいいのか。制度的には次の三

つがある。

(1) 調停

あなたと相手の双方が合意する第三者に、調停委員として調停案を示してもらうものである。しかしどちらか一方が拒否すれば相手を拘束できない。

(2) 仲裁

あなたと相手の双方が合意する第三者に、仲裁人として裁定書を作成してもらうものである。この裁定書は最終的に有効なもので、両者に対して拘束できる。

(3) 訴訟

調停や仲裁で解決することに対して両者とも合意しない場合に、両者のうちの一方が裁判所に訴えを提出することである。弁護士費用などの経費がかさむ。

以上の解決制度があるにはあるが、現実的にはあまりお勧めできない。労が多い割には得られるものが少ないからである。

これらを利用した場合はお互いの関係が壊れることを覚悟しなくてはならない。そして時間というコストも払わなければならない。もちろん費用はいうまでもない。

今後の取り引きから発生するメリットを考えて、引くところは引くという現実的な対応をすべきである。

私がお勧めする解決法は、次回の取り引きのときに相応の値引きをしてもらうという方法だ。これなら相手も次回の利益からの持ち出しですむので了承しやすくなる。

くれぐれもカッとしてはいけない。怒ったほうが負けである。

輸入業者は、PL法（製造物責任法）では製造者になることに注意！

PL法（製造物責任法）とは、消費者が商品の「欠陥」のせいで生命・身体・財産に被害があった場合、その消費者は製造者に対して損害賠償できるという法律である。輸入品の場合は輸入業者、つまりあなたが責任を負うことになるので注意しなくてはならない。

消費者は、商品に欠陥があることだけを証明すれば損害賠償を請求できる。この場合の「欠陥」とは、製造物が通常持っているべき安全性を欠いているという意味である。

■PL法(製造物責任法)の対象商品は?

PL法の対象になる商品

工業製品
衣料品
医療品
雑貨
自動車
家電製品
玩具
スポーツ用品
家具
化学製品
etc.

PL法の対象にならない商品

農産物
不動産
サービス
etc.

あなたがすべきPL法の対策は?

商品自体の安全化

↓

安全装置の付加

↓

警告ラベルや警告マーク

↓

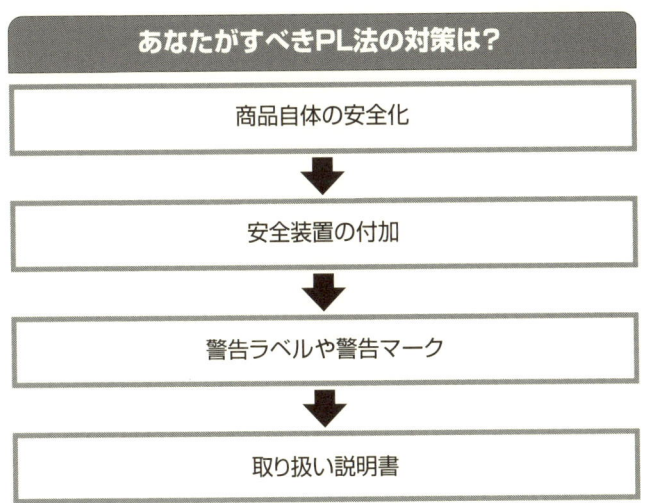

取り扱い説明書

あなたが輸入した商品の欠陥のせいで、事故やトラブルが起きて責任を問われることがないように、細心の注意と事前の対策をしておく必要がある。

対策1
ちょっとでも安全性に疑問がある商品は絶対に輸入しない。

対策2
消費者が危険な取り扱いや間違った使用をしないように、懇切丁寧な取り扱い説明書（取り扱い注意書）をつくろう。とくに使用・取り扱い方法によって事故の起きやすい商品の場合は、警告ラベルを貼り、十分な注意を促すべきである。

対策3
輸入前に、相手先に対して、日本も対象にしたPL保険に入っているかを確認しよう。それと同時に、損害保険会社もしくは商工会議所や商工会連合会などが窓口になっている「PL保険」にあなた自身が加入することをお勧めする。
一つの事故が一つの会社の運命を決めてしまうこともある。注意して欲しい。

第6章 クレームの対処法と本当に役立つトラブル解決策!

■組立説明書および取り扱い注意書のサンプル

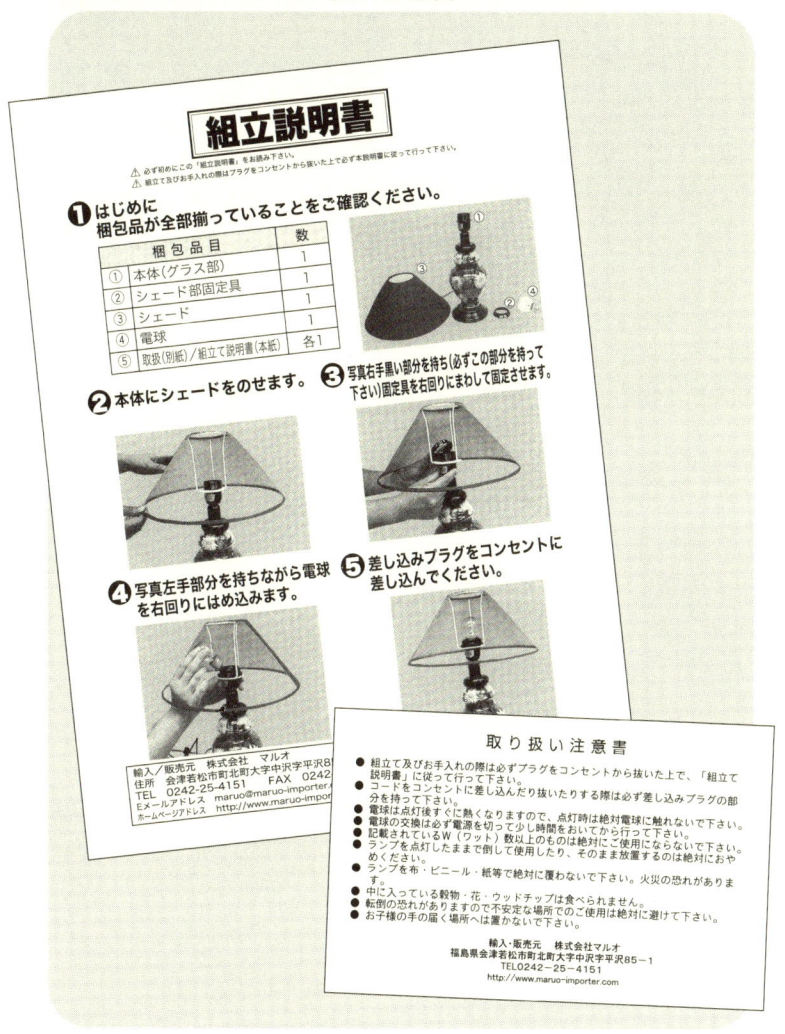

組立説明書

⚠ 必ず初めにこの「組立説明書」をお読み下さい。
⚠ 組立て及びお手入れの際はプラグをコンセントから抜いた上で必ず本説明書に従って下さい。

❶ はじめに
梱包品が全部揃っていることをご確認ください。

	梱包品目	数
①	本体(グラス部)	1
②	シェード部固定具	1
③	シェード	1
④	電球	1
⑤	取扱(別紙)/組立て説明書(本紙)	各1

❷ 本体にシェードをのせます。

❸ 写真右手黒い部分を持ち(必ずこの部分を持って下さい)固定具を右回りにまわして固定させます。

❹ 写真を手部分を持ちながら電球を右回りにはめ込みます。

❺ 差し込みプラグをコンセントに差し込んでください。

輸入/販売元　株式会社マルオ
住所　会津若松市町北町大字中沢字平沢85
TEL　0242-25-4151　FAX 0242-
Eメールアドレス maruo@maruo-importer.
ホームページアドレス http://www.maruo-importer.

取り扱い注意書

● 組立て及びお手入れの際は必ずプラグをコンセントから抜いた上で、「組立て説明書」に従って行って下さい。
● コードをコンセントに差し込んだり抜いたりする際は必ず差し込みプラグの部分を持って下さい。
● 電球は点灯後すぐに熱くなりますので、点灯時は絶対電球に触れないで下さい。
● 電球の交換は必ず電源を切ってから少し時間をおいてから行って下さい。
● 記載されているW(ワット)数以上のものは絶対にご使用にならないで下さい。
● ランプを点灯したまま倒して使用したり、そのまま放置するのは絶対におやめください。
● ランプを布・ビニール・紙等で絶対に覆わないで下さい。火災の恐れがあります。
● 中に入っている穀物・花・ウッドチップは食べられません。
● 転倒の恐れがありますので不安定な場所でのご使用は絶対に避けて下さい。
● お子様の手の届く場所へは絶対に置かないで下さい。

輸入・販売元　株式会社マルオ
福島県会津若松市町北町大字中沢字平沢85-1
TEL0242-25-4151
http://www.maruo-importer.com

貿易条件は様々！
きっちり確認しよう

貿易条件は、国際商業会議所が決めた国際ルールとして、現在11種類の条件がある。代表的なものは次の4つの事柄についてである。その11の条件では何が定められているのか。

(1) 価格条件（建値条件）
(2) 引き渡しの場所
(3) 危険（リスク）の移転時期
(4) 輸入業者と輸出業者の費用分担の分岐点

これらを定めた11種類の貿易条件を詳しく解説すると、それだけで1冊の本になるくらい複雑である。忙しいあなたには11種類のなかから、現実的に必要な次の4種類の貿易条件に絞り込んで説明する。わかりやすくするために価格条件（建値条件）を例にとって話をしよう。

(1) 工場渡し価格（EX WORKS価格、EXW価格）

海外のメーカーの工場で商品を引き取る場合の価格条件である。実務的には、あなたが指定した国際貨物運送業者が工場に引き取りに行くことになる。引き取った段階でリスクと費用はあなた持ちになる。

たとえば、指定の国際貨物運送業者が事故を起こしてあなたの商品に損害があった場合は、あなたの損失となる。実務では、保険で対応ということにはなるが……。

ヨーロッパとの取り引きで提示されることが多い条件である。

(2) 本船渡し価格（FOB価格）

(1)の工場渡し価格に、メーカーが工場から輸出港（空港）まで運ぶ運賃・通関・船積み費用を含んだ価格条件である。リスクと費用の分岐点は、船積み時点になる。

たとえば、船積み後、不幸にもその船が沈んだとしたら、それはあなたのリスクになる。

アジアとの取り引きで多い条件である。

(3) 運賃込み価格（C&F価格）

(2)の本船渡し価格（FOB価格）に、現地港（空港）からあなたの指定する港（空港）ま

■EX WORKS（工場渡し条件）とは何か？

工場　　　税関保税蔵置場

◀──────▶
輸出者の
費用・リスク

EXW

> 工場で渡したら、そこから先のリスクと費用は全部、輸入業者（あなた）持ちになります。あなたは日本までの輸送保険手配をしなくてはなりません

> この条件は輸出業者にとっては最もリスクの少ない条件だね。では輸入業者にとってはどうだろうか。もしあなたが物流に自信があれば、輸送手段を相手にまかせる他の条件より安いコストで運んでこれるね。そうすると輸入業者にもメリットのある条件ということになるね

第6章 クレームの対処法と本当に役立つトラブル解決策！

■FOB（本船渡し条件）とは何か？

工場　税関保税蔵置場

輸出者の費用・リスク

FOB

船に積むまでは、輸出業者がリスクと費用を負担します。
それ以降のリスク・運賃・保険料は、輸入業者（あなた）が負担します

FOBはFree on Boardの略語。契約で指定された港で、買い主の手配した本船（実務的には売り主に依頼する場合も多い）に、輸出業者が商品を積み込んで引き渡す条件のことなんだ。
日本でもC&FやCIFと並んで好まれる条件だね

■C&F（運賃込み条件）とは何か？

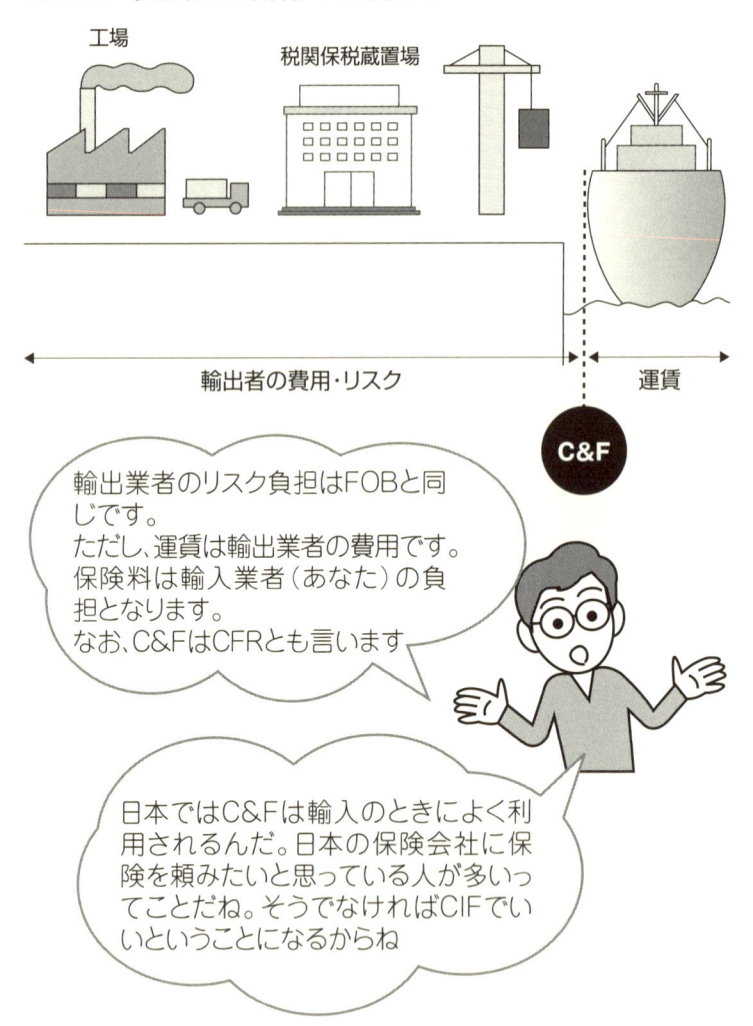

工場　　税関保税蔵置場

輸出者の費用・リスク　　運賃

C&F

> 輸出業者のリスク負担はFOBと同じです。
> ただし、運賃は輸出業者の費用です。
> 保険料は輸入業者（あなた）の負担となります。
> なお、C&FはCFRとも言います

> 日本ではC&Fは輸入のときによく利用されるんだ。日本の保険会社に保険を頼みたいと思っている人が多いってことだね。そうでなければCIFでいいということになるからね

第6章 クレームの対処法と本当に役立つトラブル解決策！

■CIF（運賃保険料込み条件）とは何か？

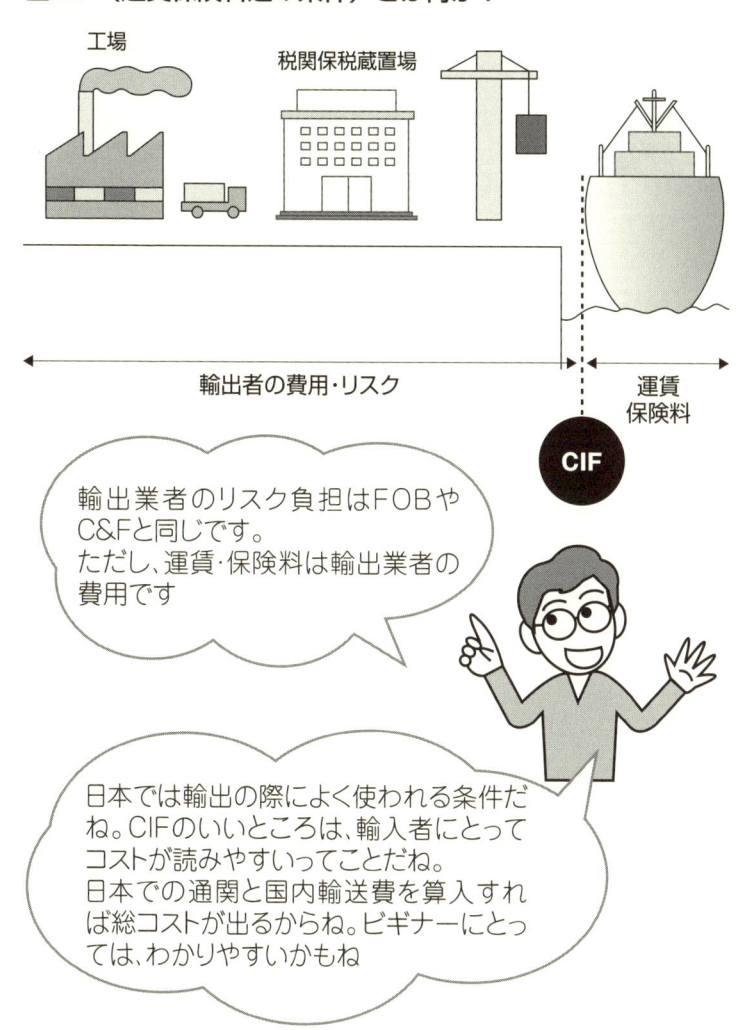

工場　　　税関保税蔵置場

輸出者の費用・リスク　｜　運賃保険料

CIF

> 輸出業者のリスク負担はFOBやC&Fと同じです。
> ただし、運賃・保険料は輸出業者の費用です

> 日本では輸出の際によく使われる条件だね。CIFのいいところは、輸入者にとってコストが読みやすいってことだね。
> 日本での通関と国内輸送費を算入すれば総コストが出るからね。ビギナーにとっては、わかりやすいかもね

での運賃を加えた価格である。

ただし注意すべき点がある。運賃以外の費用の分岐点はFOBと同じく、船積み時点になる。

(4) 運賃・保険料込み価格（CIF価格）

(3)の運賃込み価格（C&F価格）に、海上保険（航空保険）の保険料を加えた価格である。こちらもFOBやC&Fと同様、運賃と保険料以外の費用の分岐点は船積み時点になる。CIFで米国との取り引きで比較的多い条件である。

仕入原価を算出する際、どの条件で契約をしているのかを十分知る必要がある。CIFで契約したつもりが実際はEX WORKSになっており、苦労の割には利益が出なかったなどということもある。

ちなみに、残りの九つには、運送人渡し条件、船側渡し条件、輸送費込み条件、輸送費保険料込み条件、国境持ち込み渡し条件、本船持ち込み渡し条件、埠頭持ち込み渡し条件、関税抜き持ち込み渡し条件、関税込み持ち込み渡し条件がある。

相手の文化・考え方を尊重する姿勢を忘れない

輸入ビジネスで重要なことの一つに、相手の文化や考え方、そして優先させることは何かを知っておく必要がある。

私たち自身のことを考えてみよう。

私たちはお正月という文化を大切にしている。その時期は多くの人が長い（欧米の人から見るととても短い）休日をとる。そしてそのことは、日本人共通の暗黙の了解となっている。その時期に取引先も無茶な要求はしてこない。いわゆる相互理解ができているからである。

これはわかりやすい例であろう。

次の例はどうだろうか。

私とスペインのメーカーの輸出部長との実際の会話である。7月の暑い頃であった。

> 私「今日これから発注をしたい。9月の下旬までに船積みしてほしい」
> 相手「ありがとうございます。ただ私は明日からバカンスに入るので、詳細はバカンス明けにしてほしい」

私 「わかった。いつバカンスが明けるのか」
相手「8月20日です」
私 「えっ?」

かみ合わない話は続いた。

しかし1か月後じゃないと約束できないとの結論であった。信じられないだろうが事実である。その当時の私はあぜんとしてしまった。

日本国内の取り引きであれば、休みであっても休日出勤をして手配をしてくれる場合も多い。しかし、それは日本人的な発想である。

彼らにはビジネスファースト（ビジネス第一主義）的な発想は少ない。自分のプライベートな時間をとても大事にする。彼らにとって、バカンスは誰にもおかされることのない聖域だ。これを理解して許容することができないなら、そもそも彼らとの取り引きはできないということになるのだ。

理解できるだろうか。彼らの文化なのだ。私たちがとやかく意見をさしはさむ問題ではない。彼らの社会自体がそれを認めているのだから。相手の文化を否定しては、取り引きは成立しないことを理解すべきである。

もう一つわかりやすい例を紹介しよう。

宗教上の理由から、イスラム教徒は豚肉を食べることはできない。いくらあなたに「これおいしいですよ」と勧められても、絶対に駄目である。同じ理由から、ヒンズー教徒は牛肉を食さない。戒律がそうなっているからである。

おいしいとかまずいとかのレベルの話ではないのだ。個人の好みの問題でもない。彼らの宗教がそう決めているからである。宗教は彼らにとって絶対なものである。何人もそれにそむくことはありえない。

このことを理解できないと、絶対に取り引きは続かないだろう。とくに宗教にかかる問題は私たち日本人の想像を絶するものがある。比較的、私たち日本人には、宗教感が希薄な人が多いために、こうしたことは理解しがたいと思う。

しかし輸入ビジネスにおいては、絶対に知っておくべき大切な事柄である。相手を尊重してそれを受け入れる姿勢が大切だ。

ぜひ、あなたも頭のすみでもいいから覚えておいてほしい。

しょせんは人間対人間、心から誠実に対応する

トラブルを解決する方法として、仲裁・裁判については前述した通りである。

しかし取り引きもしょせんは人間対人間が行なっているものだ。対話や相手への思いやりや理解があれば、私見ではあるが解決できないものはないと思っている。

5～6年前の話をしよう。

中国の陶磁器の輸出業者との間で品質トラブルが起こった。入荷した商品の半分位にひびがあったのだ。当然、私は商品の交換を申し入れた。欠陥商品の写真を添えてメールを送ったのである。

その輸出業者からは、現地のメーカーにその旨をフィードバックするので時間が欲しいとの連絡があった。

しかし1週間を過ぎても、一向に回答が来ない。

私は困ってしまった。お客様に説明のしようがないのである。ひとまずお客様にはロット不良を伝えて時間をもらった上で、再度、輸出業者に催促のメールを送った。

やっと返事が来た。現地メーカーとの間の交渉がうまくいっていないらしい。

第6章 クレームの対処法と本当に役立つトラブル解決策！

中国からの輸入の場合、メーカーと輸出業者が別ということが多い。現代の日本ではちょっと考えられないが、高度成長のまっただなかの中国では、メーカーが非常に強気だ。現地メーカーは抱えきれないほどの受注を持っており、「文句があるなら買うな」と言わんばかりの高圧的な雰囲気らしいのだ。

中国の輸出業者は、交渉を続けるからもう少し待ってくれ、との一点張りである。

そうこうしている間、トラブルが解決しないままに、私は別件で中国へ出張に出かけた。

その出張のある日、滞在先の広東省広州のホテルで突然、電話がなった。例の輸出業者の担当者からである。

何と今、広州に着いたとの連絡であった。どうしたのかと聞くと、私に会いに来たとのこと。本当に驚いた。彼は福建省在住のはずである。どうして私の滞在場所がわかったのか。とにかく会いたいと言うので、私は部屋で彼を待った。

1時間後、彼は中国製のたばこ（私は吸わないのであるが）と紹興酒（こちらは大好きだが）をぶら下げて、私の部屋の前に立っていた。

どうしてわかったのかと聞いた。私の会社に連絡を入れて、広州にいるのを知ったと言う。申し訳なくて会って現状を説明したかった、とのことであった。

229

隣の省からとは言え、飛行機で来ても2時間はかかっただろう。会社を出てこのホテルまでたどり着くのには4〜5時間かかったに違いない。
私は感動してしまった。彼の対応に心を打たれた。果たしてここまでやれるだろうか。私は彼の顔を見た瞬間に、もう彼を許してしまっていた。
私とメーカーの狭間で対応に苦慮している彼の姿をこの目で直（じか）に見たとき、問題は解決したのだ。
彼の説明は案の定という感じであった。
メーカーは、そんなはずはないと受け合わないらしい。文句があるならもうやめろと言わんばかりらしい。もちろん彼としてはそのまま私に言えるはずもない。彼は執ように交渉を続け、30％の値引きをそのメーカーから引き出してきた。
私としては30％程度ではとても納得できなかった。しかし彼に免じて損を覚悟でその案を受けた。

その後、彼は独立した。今や6人を雇う会社の社長である。もちろん今でも彼と私は親友だ。彼の会社は中国の輸出業者としては唯一1社、私の会社に45日後の代金後払いを認めてくれている。信頼してくれているのだ。

230

専門的な事務手続きはプロにアウトソーシングする！

取り引きとは言え、しょせん人間対人間の付き合いである。誠意を持って相手と向き合えば必ずや相手は応えてくれる、という良い例ではないだろうか。

事務手続き。この言葉を聞いただけで何やら難しい感じがするのは、あなただけではない。輸入に際しては、通関手続き、船の手配、各種検査など複雑なものが多い。

しかし心配はいらない。この一連の工程はプロに任せて（アウトソーシング）しまえばいいのだ。

たとえば、輸送に関しては、国際貨物運送業者（通称フォワーダー）に頼めば、あなたのところまで運んでくれる。通関（税関へ申告をして許可を得るための一連の手続き）に関しては、通関業者に委託をすれば簡単である。

すべてをあなた一人でやる必要はない。自分にできないことは、できる業者に委任すればいいだけだ。あなたは、あなたの得意なことに特化して自分のビジネスを拡大させることに注力すべきである。

トラブルの相談は誰にすればいいのか？

輸入ビジネスには、予想もできない事態が起こることがある。そのときはどうすればいいのか。どのように対応していいのか途方にくれることもあろう。

私もそうだった。あなたの不安は、あのときの私の不安と同じものだ。

だから、あなたにはそのときのために覚えておいてほしい。何かトラブルに巻き込まれたときは、迷わずジェトロ（独立行政法人 日本貿易振興機構）やミプロ（財団法人 対日貿易投資交流促進協会）に相談することだ。プロの貿易アドバイザーがあなたの悩みに答えてくれる。

もしあなたの近くにそれらがないときのために、もう一つ紹介しておこう。

それは、研ぎすまされた貿易頭脳集団「有限責任中間法人 貿易アドバイザー協会」（通称AIBA）である。AIBAは、ジェトロから認定を受けた貿易のアドバイザー集団だ。

所属のスペシャリストは、現在300名を超える。そのスペシャリストの専門分野は様々で、あなたがどの分野であっても対応してくれる。一度ホームページをのぞいてみることをお勧めする。

貿易アドバイザー協会（AIBA）のホームページ
http://www.trade-advisers.com/service/service.asp

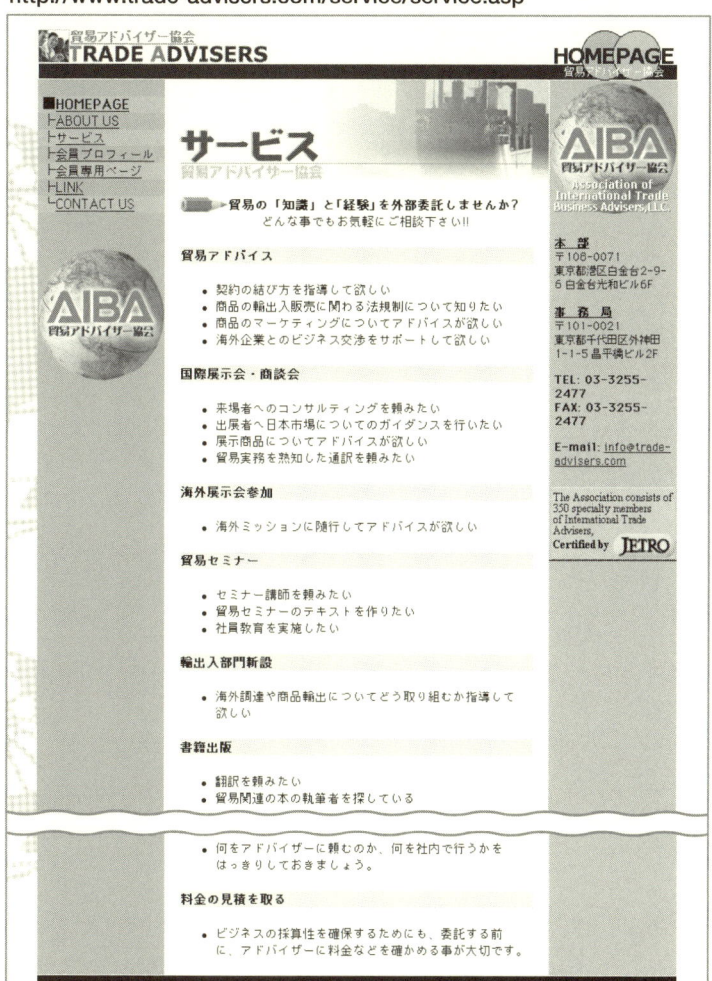

TRADE ADVISERS
HOMEPAGE

- HOMEPAGE
- ABOUT US
- サービス
- 会員プロフィール
- 会員専用ページ
- LINK
- CONTACT US

サービス
貿易アドバイザー協会

貿易の「知識」と「経験」を外部委託しませんか？
どんな事でもお気軽にご相談下さい!!

貿易アドバイス
- 契約の結び方を指導して欲しい
- 商品の輸出入販売に関わる法規制について知りたい
- 商品のマーケティングについてアドバイスが欲しい
- 海外企業とのビジネス交渉をサポートして欲しい

国際展示会・商談会
- 来場者へのコンサルティングを頼みたい
- 出展者へ日本市場についてのガイダンスを行いたい
- 展示商品についてアドバイスが欲しい
- 貿易実務を熟知した通訳を頼みたい

海外展示会参加
- 海外ミッションに随行してアドバイスが欲しい

貿易セミナー
- セミナー講師を頼みたい
- 貿易セミナーのテキストを作りたい
- 社員教育を実施したい

輸出入部門新設
- 海外調達や商品輸出についてどう取り組むか指導して欲しい

書籍出版
- 翻訳を頼みたい
- 貿易関連の本の執筆者を探している

- 何をアドバイザーに頼むのか、何を社内で行うかをはっきりしておきましょう。

料金の見積を取る
- ビジネスの採算性を確保するためにも、委託する前に、アドバイザーに料金などを確かめる事が大切です。

本部
〒106-0071
東京都港区白金台2-9-6 白金台光和ビル6F

事務局
〒101-0021
東京都千代田区外神田1-1-5 晶平橋ビル2F

TEL: 03-3255-2477
FAX: 03-3255-2477

E-mail: info@trade-advisers.com

The Association consists of 350 specialty members of International Trade Advisers,
Certified by **JETRO**

貿易アドバイザー協会 Association of International Trade Business Advisers, LLC.
2005 Association of International Trade Business Advisers, all rights reserved.

為替リスクを回避するテクニック！

為替リスクとは何か。日本円以外での代金決済の場合、為替（各通貨の交換比率）が相場の変動によって変わることがある。その結果、損失が発生する。そのことを為替リスクと呼ぶ。

具体的に説明しよう。

たとえば、決済通貨（契約で決められた決済通貨）がユーロであったとしよう。あなたとメーカーの契約時には1ユーロ＝140円だったとする。すると10ユーロで契約した商品は1400円になる。あなたは、この価格をベースにあなたの販売価格を設定するはずである。

ところがである。円安に振れて1ユーロ＝150円になったとしよう。あなたは同じ商品に対して1500円の支出になってしまうのである。

せっかく考えに考えた交渉で勝ち取った値引き分が、一瞬にして飛んでしまうこともありえるのだ。

為替リスクを回避（ヘッジ）するやり方として、次のような方法がある。

事前に十分な対策を立てておくべきなのである。

■円安・円高と為替リスクの関係

為替リスクのしくみを理解しよう

ユーロ建てで価格が1万ユーロの商品を輸入する場合

この場合は1万ユーロを用意しなければならないので、為替レートで必要な「円」が刻々と変わることになる。

円安になるケース

為替レートが

1ユーロ＝145円 ➡ 1ユーロ＝155円

あなたの支払い代金は？

145円×10,000ユーロ＝145万円 が、

何と

155円×10,000ユーロ＝155万円 になり、

10万円のソン（為替差損）！

円高になるケース

為替レートが

1ユーロ＝145円 ➡ 1ユーロ＝135円

あなたの支払い代金は？

145円×10,000ユーロ＝145万円 が、

何と

135円×10,000ユーロ＝135万円 になり、

10万円のトク（為替差益）！

⬇

輸入ビジネスでは円高は大歓迎!!

(1) 「為替予約」と「通貨オプション」を利用する

「為替予約」及び「通貨オプション」とは、商品を受け取る際に必要な外貨の為替相場を事前に予約して決めてしまう方法である。

「為替予約」とは、たとえば1ユーロを2か月後に140円で買うと予約・確定させてしまえば、そのときの相場が150円であっても、あなたは1ユーロを140円で買う（交換）ことができるということである。

さらに応用方法として、「通貨オプション」というものを利用する手がある。

これは、先ほどの例のように1ユーロ＝140円で予約をしたが、期日のレートが予約レートより円高、つまり130円になった場合は、予約をキャンセルして安い市場レートで輸入決済ができる。逆に、市場レートが円安、つまり150円になった場合は、最初の1ユーロ＝140円のレートを利用することができるというシステムである。

このシステムを利用すれば、期日の市場レートを見てからオプションを利用するかキャンセルするかを選択することができる。

あなたにとっては非常に有利な取り引きになる。

ただし、オプション料と呼ばれる手数料がかかる。それを採算に組み入れておかなければならない。難しく感じるかもしれないが、現在最も有効な方法で広く利用されている。

■為替予約のしくみ

輸入契約時 → 将来の予想(円安になる)

1ユーロ＝145円 → 1ユーロ＝155円

そこで

現在

輸入契約時で
ユーロ・円交換相場を

1ユーロ＝145円

に確定(為替予約)

実際の将来

予想通り、実勢相場は

1ユーロ＝160円

と「円安」になった(数値は異なるが)。
しかしあなたは
1ユーロ＝145円 で交換することができる!

> なるほど、為替予約した相場で交換できるのでトクするわけだ!

(2) 円安にそなえて輸入コストを少し高めに設定する

現在のレートより円安に振れても損をしないように、あらかじめ円安をおり込んで商品の価格を高めに設定しておく方法である。

たとえば1ユーロ＝140円のときは、1ユーロ＝150円として、それを事前に原価におり込んで国内販売価格を設定する。もし150円になったときでも採算は維持される。

(3) 輸入契約のときに建値を「円建て」にする

為替リスクは外国通貨を決済するときに発生する。円建てにすることによって、あなたの為替リスクはなくなる。円建てとは、商品を輸入する際に円貨で「円」で支払うというものである。

ただし、この方法は輸出業者から見ると外貨である円貨で受け取ることになる。為替リスクは相手が持つことになるため、輸出業者によっては簡単には同意しない。

あなたと相手のどちらが取り引きに対して積極的かにかかってくるのである。いわゆる両者の力関係が働いて採用が決まる方法である。

(4) 外貨預金をして決済資金にあてる

円高に振れたときに決済通貨をあらかじめ買っておき、それを決済資金に使うという方法

だ。決済のときに円安であれば、事前に用意しておいた決済資産を使えばリスクは回避されることになる。

(5) 為替手数料を70％削減する裏技

最近話題の外国為替保証金取引（通称FX）を扱っている証券会社などでは、外国為替の両替業務も行なっているところが多い。通常、銀行で両替をする場合は、1米ドルにつき1円程度の手数料がかかる。ところがFXを扱う業者に両替を依頼すると、1米ドル＝30銭程度でやってくれるところがある。そうすると為替手数料が70％下がったことになる。

ただし1回の単位が日本円で1000万円位からになる。

国内の規制・法律についてはせめてあなたの分野だけは知っておこう

日本は現在、自由貿易が基本になっている。輸出入に関する規制は最小限にとどめられている。しかし輸入しようとしている商品が規制にかかるのかどうかは、念のために事前に調査しておく必要がある。

商品が港には届いたが一向に税関から出てこないなどということがよくあるからだ。

私の苦い体験をお話ししよう。

スペインのある展示会で斬新な商品を発見した。テーブルランプである。

下の写真をごらんいただければわかると思うが、テーブルランプのボディの部分がガラスになっており、そのなかにドライフラワーが入っている。

私にはその商品がとても魅力的に映った。早速メーカーとの交渉に入った。聞いてみると日本との取り引きがほとんどないとのこと。私は、独占販売権付きで取り扱いをさせて欲しいと要求をした。

ドライフラワーが入っているテーブルランプ

第6章 クレームの対処法と本当に役立つトラブル解決策！

交渉は困難をきわめた。

私は販売計画、販売目標、そして日本の市場の可能性を、熱心に相手に伝えた。そしてついに1年間という限定ではあったが、取り扱いする権利を得られた。

独占販売権が取れたらしめたものである。私はこの商品を、日本では最大級のパーソナルギフトと生活雑貨の国際見本市と称される「東京インターナショナルギフトショー」に出展する決意をした。

予定ではぎりぎりではあったが、ショーの前に商品が手に入ることになっていた。

ところがである。待てど暮らせど商品が来ない。業者に問い合わせをしたところ、貨物を全量検査されているとのこと。しかもさらに悪いことに、今回の輸入分のうち、輸入できないものが含まれているとの情報が入った。

ショーの3日前の話である。

私は顔が青ざめてしまった。

商品がないのでは見本市にならないではないか……
私の会社の見本市デビュー戦なのに何たることだ……

私は心の中でつぶやき続けた。業者に毎日のように電話をしたが、一向にらちがあかない。

私は直接、港に出向くことにした。

そしてわかったのである。私の輸入しようとしている商品の一部が、「植物防疫法」という法律に引っかかっているということを。

植物防疫法では、農産物などの植物によって海外から病害虫などが侵入しないように検疫が義務付けられている。もちろん、麦わらなどのように最初から輸入許可が下りないものもある。私はお恥ずかしい話だがこのことをまったく知らなかった。事前に税関に教示を受けるべきだったのだ。

見本市へのタイムリミットの問題と独占販売権を取れた嬉しさで、基本中の基本を忘れてしまったのである。

それからの話は悲惨である。

見本市は始まった。私のブースには、サンプルで輸入した3本の商品がぽつんと並んでいるだけ……。そこに私を含め3人でアテンド（顧客の相手をすること）しているのである。

こっけいな姿だとは思わないか。

あのときの恥ずかしさと何とも言えない無力感は、今でもはっきり覚えている。いまだにあのときのことを考えると赤面(せきめん)する。結局、商品はドライフラワーの部分を取り除いて輸入

242

第6章 クレームの対処法と本当に役立つトラブル解決策！

■輸入に関する国内規制法は様々

輸入時
- 銃砲刀剣類所持等取締法
- 毒物及び劇物取締法
- 肥料取締法
- 火薬類取締法
- 薬事法
- 酒税法
- 食品衛生法
- 植物防疫法

etc.

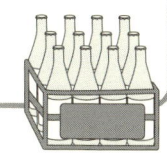

国内販売時
- 電気用品安全法
- ガス事業法
- 消防法
- 消費生活用製品安全法
- 農薬取締法
- 電波法
- 船舶安全法

etc.

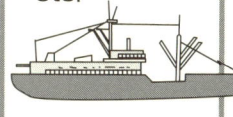

表示関連
- 家庭用品品質表示法
- 工業標準化法（JIS）
- 不当景品類及び不当表示防止法
- 計量法
- 農林物質の規格及び品質表示の適正化に関する法（JAS法）

etc.

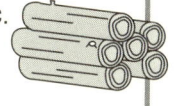

> いろいろあるけれどあなたの専門分野は必ずチェック！

することになった。

苦い苦い思い出である。

あなたには十分気をつけてもらいたい。どんな商品でも念のために必ずサンプルを取り寄せて、事前にチェックすることを忘れてはならない。港についてからでは遅い。経済的な打撃はもちろん精神的なショックも大きいからだ。

植物防疫法以外に輸入に関わる国内諸法規の代表的なものとして、「薬事法」「食品衛生法」「酒税法」などがある。

あなたは少なくとも自分に関連する分野の法律は事前に知っておく必要がある。前ページに輸入に関する国内規制法の一部を掲載した。ぜひ参考にしてほしい。

また法律の改正についてもチェックが必要だ。最新の情報については、各種省庁のサイトで確認することが可能だ。私が無料配信しているインポートプレナーズ通信（http://www.importpreneurs.com/mailmag.html）においてもこういった改正を含めた輸入に関する情報を提供している。

登録してチェックすることをおすすめする。

エピローグ
まだ見ぬあなたへの最後の贈りもの

あるビジネスセミナーでの出来事である。

参加者一人ひとりによる自分のPRを兼ねた自己紹介の時間があった。

私はその中の一人の方の紹介が耳から離れなくなった。

全員の紹介が終わり休憩の時間に入った。

私は、何のためらいもなくその方の前に立った。

そしてさらりと言った。

私「大須賀と申します。先ほど出版社にお勤めとのことをお聞きしました。私は本を出版したいと思っています」

相手「中尾です。PR興味深く聞いておりました。貿易をされているのですね」

私「現役の貿易商で貿易アドバイザーでもあります。今までにはないものが書けます」

相手「そうですか。どんな分野なら可能ですか」

日本実業出版社の編集者の中尾淳さんとの出会いである。

そしてその10日後、私は日本実業出版社を訪れた。

そしてその日のうちにこの本の出版の話がまとまったのである。

246

エピローグ　まだ見ぬあなたへの最後の贈りもの

私は自慢したくてこのエピソードを書いているのではない。
私はまだ見ぬあなたに最後に贈りたいものがあるからだ。
それは私のメンターの言葉である。

「運とは準備がチャンスに出会った瞬間に起きる現象である」

私は小さい頃から自分の本を出版することを夢見ていた。
そして自分では気づかぬうちに準備をしていたのだろう。
中尾さんにお会いした瞬間に私の無意識が私に命令した。

（早くいけ！　そして言うんだ。本を出したいって）

私はその通り行動した。
準備がチャンスとめぐり会ったのである。
そして今、私はこうしてあなたと本書を通してお話しをしている。
とても光栄に感じている。

私はあなたに、私の本から何かを感じて最初の一歩を踏み出してもらいたいのだ。
そして志を同じくするあなたに私の仲間になってほしいのだ。
人間誰しも最初の一歩はとても恐い。それは事実だ。
しかし失敗を恐れてはいけない。
今あなたにはわかりやすいように失敗という言葉を使ったが、私は失敗というものは存在しないと思っている。いや信じていない。
失敗というものの本質は、そこから学べるという経験があるだけである。
その出来事から何を学ぶのかが大事なのだ。決してあきらめることなくやり続ければ、あなたの夢は叶(かな)うのである。

あとがき

今こうしてすべてを書き上げて、私は私を導いてくださった方々に深く感謝しています。

この本を書くにあたっては、私にとってかけがえのない多くの方々から学ばせていただきました。

この場をお借りして感謝の言葉を述べさせてください。

日本一のカリスママーケッターである平秀信先生。

先生からは、マーケティング、心の持ちようなどたくさんのものを学ばせていただいております。先生がいらっしゃらなければ、今回の出版はなかったでしょう。中尾さんとの貴重な出会いをつくってくださったのも先生でした。

本当に深く深く感謝いたしております。

そして日本実業出版社の編集者の中尾淳さん。

海のものとも山のものともつかない私に、きちっとお時間をつくってお会いいただきました。そして出版に導いてくださいました。

本当にありがとうございました。

私が主宰するインポートプレナーズクラブ（輸入で起業）の会員の皆様。皆さんの励ましがなかったら、最後まで書くことができたかどうか……。本当にありがとう。

私のアドバイスを実践してくださったクライアントの方々、また講演・セミナーに参加して熱心に聞いてくださった皆様にも感謝です。

貿易アドバイザーの諸先輩の皆様！　未知の問題にぶちあたったときいつも適切なアドバイスを与えてくださりありがとうございます。皆様と同じ貿易アドバイザーであることは、私の大きな誇りです。ありがとうございます。

そして㈱インポートプレナーのみんな！　何も言わずに信じてついて来てくれてありがとう。みんなは私の財産です。ありがとう！

どんなときでも私を支え見守ってくれている家族にも、心からの感謝を伝えたい。そもそも家族がいなかったら今の私はないでしょう。

星の数ほどの感謝を！

最後に本書を最後まで読んでくださったあなた。ありがとう！

あなたの大切な大切な時間を費やしてここまで読んでいただき感謝しています。

あなたがいたから、私も最後まで書くことができました。
感無量です。
あなたには心より深く深く感謝をささげたい。
本当にありがとう。

まだ見ぬあなたに思いをはせながら。

平成18年初秋

ジェトロ認定貿易アドバイザー　大須賀　祐

信用状	127,129,132,143
信用状開設銀行	132
信用状決済	37
信用状の有効期限	131
信用状発行手数料	200,204
信用状申込書	130
数量	118,119
ストアブランド	72
ストライキ暴動保険	158
税関	108,150
税関相談テレフォンサービス	52
製造物責任法	164,215
セールスギャランティー	102
セールスターゲット	100
全危険担保	149
戦争保険	157
全量検査	151,152
総額	118,121
送金	126,127,143
送金依頼書	129
送金費用	200,204
訴訟	213
損害賠償	210,214
損害保険会社	216

た
代金決済	126,127,132,234
対日貿易投資交流促進協会	68,232
出し値	193
建値	135,238
建値条件	121,218
単価	118,119,120
知的財産権	62
チャネル	163
仲裁	212,213
注文書	117,119,120
調停	213
直卸し	46
直接輸入	50
直送貨物	134
直輸入	196
通貨オプション	236
通貨建て	138
通関	114,142,219,231
通関業者	37,142,150,231
通関士	142
通関手続き	231
通関費用	198,200,204
通知銀行名	131
通販会社	47
通販カタログ	71
通販業者	178
積み替えの可否	131
積み出し港	131,148
定価	17,190
手形期限記入欄	131
デパン	152
展示会	188
展示品	102
転売価格	202
東京インターナショナルギフトショー	167,241
盗難	158
独占販売権	34,48,60,63,86,89,99,168,193
独占販売権付き	170,240
特許	62
特恵関税	108
特恵関税制度	106,110
特恵関税対象国	203
トライアルオーダー	35,37
トラブル	232
取り扱い説明書	216
ドロップシッパー	186

ドロップシッピング	186
問屋	18,178

な
ニーズ	32,36
荷いたみ	134
荷印	118,122,148
日本市場	37
日本貿易関係手続簡易化協会	152
日本貿易振興機構	68,232
日本未紹介	59
日本輸出入者標準コード登録	152
荷物追跡サービス	139
荷物追跡システム	140
抜き荷	158
値付け	190
ネットショッピング会社	47
値引き	192
納期の遅れ	122
納品・請求書	108,142,143,146
ノンヴァーバル	98

は
パーソナルブランド	96
売価	78,202,207
ハイコンテクスト文化	93
バイヤー	39,97
パッキングリスト	132,142,143,147
発行日	146,147
発行書	126
発注No.	118
発注日	118
発展途上国	106
バン詰め	152
販売管理費	200,204
販売先	36,45,86,163
販売チャネル	36,45,86
販売保証数字	102
販売目標数字	100
販売ルート	171
引き渡しの場所	218
標準小売価格	190
品質	124
品質基準	34,85,87,124
品質条件	117,118,122
品質不良	123
品種少数ロット	103
品番	119
品名	117,118,119
ブース	27,176,183
ブースで配るアンケート	185
ブース内装飾	176
フェアトレード	166
フォワーダー	154,231
不着	158
不着リスク	129
埠頭持ち込み渡し条件	224
船側渡し条件	224
船積遅延	123
船積期限	131
船積み	45,132,144,145198
船積み書類	37,154
船積み書類の送付	132
船積相違	123
船積み日	118,121,122
船積み費用	131
船荷証券	132,142,144,148
船便	131
プライスリスト	72
プライベートブランド	72,164
分割船積	131
並行輸入	168
ペナルティー条項	122
貿易条件	

	118,121,131,146,147,155,157,198,218
包括合意	118
包括予定契約	145
包装不良	123
法的基準	84,87
法的規制	37
保険証券	142,145,149
保険申込者	149
保険料率	149
ボックス・レート	136
本船名	148,149
本船持ち込み渡し条件	224
本船渡し価格	219
本船渡し条件	121,156,221

ま
マージン	194
前注文	44
見込み客	51,172,183,188
ミニマムオーダー	35,72
ミプロ	68,232
見本市	39,40,171
見本検査	151,152
無保険	154
無料	104
メーカー	37,86

や
薬事法	244
有価証券	144
有料	104
輸出意欲	87
輸出価格	35
輸出業者	37,86
輸出国国内運賃	198
輸出国税関	108
輸出実績	86
輸出入者コード	153
輸送区間	149
輸送手段	133
輸送のやり方	114
輸送費込み条件	224
輸送費保険料込み条件	224
輸送方法	139
輸入関税	199,203
輸入規制品	53
輸入業者	17,194
輸入禁制品	53
輸入採算表	196,197
輸入差し止め	168
輸入自由品	53
輸入条件	37
輸入税	106
輸入制限品	53
輸入総代理店	168
輸入代金	37
輸入代行手数料	200,204
輸入通関	37,150
輸入通関料	200
輸入品目	108
容積建て運賃	135

ら
利益	18
利益率	18
陸揚げ港	131
陸揚げ地	148
リスク	154
流通業者	17
流通業者マージン	202,206
量目不足	123
レターヘッド	118
ローコンテクスト文化	93

INDEX

アルファベット

ad value	136
Article	117
AWB	142,144,145
B／L	132,142,144,148
box rate	136
BtoB取引	193
C&F	156,157,198,199,222,224
C&F価格	198,219
CFS	141
CIF	156,158,199,202,223
CIF価格	149,203,204
Destination	122
DFR	156
EMS	139
EX WORKS	156,199,219,220,224
EX WORKS価格	198
EXW価格	219
FCL貨物	141
FOB	121,156,157,198,199,221
FOB価格	219
FOBチャージ	198
Form A	108,110
Form A 様式	108
FX	239
FXW	156
GSP	106
L／C	37,127,129,132,143
L／C申込書	130
LCL	141
measurement	135
OEM	89,211
OEM商品	155
Order Sheet	117,120
Payment	121
PB	72
PL法	164,215
PL保険	216
Price	120
Quality	117
Shipping Marks	122
Time of Shipment	121
Total Amount	121
TPND特約	158
Trade Terms	121
TVショッピング会社	47
weight	136

あ

相手先ブランドによる生産	89,155
アテンダー	84
アテンド	242
粗利益	201,206
アンケート	183
アンビエンテ	59
意匠	62
一部指定検査	151,152
一貫輸送	134
インコタームズ	156
インターネット	186
インボイス	108,142,143,146
ウォンツ	32,36
運送書類	132,142,144
運送人渡し条件	224
運送保険	198
運賃	135,198,219
運賃計算	135
運賃込み価格	219
運賃込み条件	156,222
運賃・保険料込み価格	224
運賃・保険料込み条件	156,222
運賃率	138
英語	25
円高	235
円建て	238
円安	188,234,235,236
オーダー	35
オーダーシート	117,119,120
オーダー品	36
オールリスク	149,158
オールリスクA／R条件	157
送り状	142,143,146
オプション料	236
卸売市場	35

か

海外見本市	59
外貨預金	238
外航貨物海上保険	37
外国為替保証金取引	239
海上運賃	135,198
海上貨物輸送	141
海上保険	154,224
海上保険料	199
海上輸送	37
外為法	53
買い取り銀行	132
開発途上国	106,166
開発輸入	72
価格	39
価格条件	218
加算方式	190
カスタマーサービス	43
各国の在日大使館商務部	71
家庭用品品質表示法	53
貨物	106,132,141
貨物為替手形	132
貨物到着通知先	148
為替手数料	239
為替予約	236
為替リスク	188,234,235
関税	106,203
関税込み持ち込み渡し条件	224
関税抜き持ち込み渡し条件	224
関税率	106
間違い	48
規格相違	123
危険の移転時期	218
逆算方式	192
競合	39
共同輸入	75
クレーム	210
計	119
契約	114
契約書	37,114,116,118,126
下代	193
決裁	114
決済通貨	234
原材料	44
検査費	152
現品検査	150,151,152
工業標準化法	53
航空運送状	144
航空貨物運送	138,198
航空貨物輸送混載貨物サービス	141
航空貨物輸送状	142
航空便	133,134
航空保険	224
航空保険料	199
航空輸送	37
広州交易会	78
交渉	92
工場渡し価格	198,219
工場渡し条件	156,220
小売価格	17,187
小売業	103
小売店	18,46,178,194
国際貨物運送業者	154,231
国際商業会議所	156
国際宅配便	140,141
国際見本市	38,40,102
国際郵便小包	139,141
小口貨物	139
国内取引	17
国内配送	37
国内見本市	171
国内輸送料	200,204
コストプラス方式	190
コストブレイクダウン方式	192,205
国境持ち込み渡し条件	224
混載	134
混載貨物	134
混載業者	134
コンテキスト	93
コンテナ	152
コンテナ船	134
コンテナ輸送	134
梱包明細書	132,142,143

さ

最少受注引受単位	72
最低受注引受単位	35
裁判	212
雑誌	66
サプライヤー	97,99,103,104,192
暫定価格	187
暫定定価	192
サンプル	34,35,102,104,124,187
サンプルオーダー	37
仕入れ	44
仕入価格	187
仕入原価	18,78,190,201,205,224
仕入れ書	142,143,146
ジェトロ	68,232
自己アピール	96
試作品	164
自主企画商品	72
市場調査	51
事前教示制度	52
支払い条件	118,121
仕向け地	118,122
従価建て	136
集客用ダイレクトメール	180
州政府事務所	71
自由貿易	52
重量建て運賃	136
重量逓減制	138
酒税法	244
受注発注方式	47
出港日	149
商業送り状	143
商工会議所	108
上代	17,190
招待状	178,179,180
消費税	199,203
消費生活用製品安全法	53
商標権	168
仕様変更	126
食品衛生法	244
植物防疫法	242
諸条件明細表	196,197
書類審査	150
審査なし	150

主な参考文献

書名	著者	出版社
貿易ビジネスの基本と常識	大須賀祐	PHP研究所
輸入ビジネス儲けの法則	大須賀祐	現代書林
図解 これ1冊でぜんぶわかる！ 貿易実務	大須賀祐	あさ出版
ホントにカンタン！ 誰でもできる！ 個人ではじめる輸入ビジネス	大須賀祐	角川フォレスタ
輸出入・シッピング実務事典	高内公満	日本実業出版社
最新貿易ビジネス	中野宏一	白桃書房
「貿易実務」の基本が身につく本	井上洋	かんき出版
やさしくわかる貿易実務のしごと	井上洋	日本実業出版社
やさしい商品輸入ビジネス入門	佐野光質	南雲堂フェニックス
儲かる海外商品の見つけ方・売り方AtoZ	財団法人ミプロ	アスキー
入門の入門 貿易のしくみ	梶原昭次	日本実業出版社
貿易実務がわかる本	吉原議高	日本能率協会マネジメントセンター
図解 円安・円高のことが面白いほどわかる本	西野武彦	中経出版
国際契約の手引	由本泰正・濶本康方	日本経済新聞社
英文契約書の書き方	山本孝夫	日本経済新聞社
実践国際マーケティング	堀出一郎	中央経済社
最新輸入ビジネス	ジェトロ編	世界経済情報サービス(weis)
入門輸出入の実務手びき	宮下忠雄	日本実業出版社
最新貿易実務(増補版)	浜谷源蔵	同文館
貿易実務と外国為替がわかる事典	三宅輝幸	日本実業出版社
貿易マーケティング・チャネル論	中野宏一	白桃書房
実践国際ビジネス教本	ジェトロ編	世界経済情報サービス(weis)
輸入ビジネス教本	ジェトロ編	世界経済情報サービス(weis)
基本貿易実務(五訂版)	来住哲二	同文館
「Principles of Marketing」	Philip Kotler, Gary Armstrong	Prentice-Hall International
貿易の実務	石田貞夫	日本経済新聞社
やさしい貿易実務	森井清	日本実業出版社
関税六法	日本関税協会	
実践貿易実務	神田善弘	ジェトロ
貿易為替用語辞典	東京リサーチインターナショナル編	日本経済新聞社
入門外国為替の実務事典	弓場勉	日本実業出版社
小口輸入Q&A	ミプロ	
ジェトロ貿易ハンドブック2004	ジェトロ	
外航貨物海上保険案内	三井住友海上火災保険㈱	
ハイパワー・マーケティング	ジェイ・エイブラハム著 金森重樹(監訳)	インデックス・コミュニケーションズ
実践的ゲリラマーケティング	ジェイ・C・レビンソン著 竹村健一(監訳)	東急エージェンシー
国際ビジネスを成功させるために	佐々木紘一	文芸社
出る順通関士	東京リーガルマインド	
わかりやすい貿易取引の手引	山口敏治	中央経済社
貿易・為替用語の意味がわかる事典	森井清	日本実業出版社
新貿易取引	石田貞夫・中村那詮	有斐閣
ICC信用状統一規則および慣例(1993年改訂版)	国際商業会議所	日本国内委員会
貿易業務論第9版	中村弘・田中尚志	東洋経済新報社
マーケティング	グローバルタスクフォース株式会社	総合法令出版株式会社
貿易と国際法	森井清	同文館
現代マーケティング	嶋口充輝	有斐閣
90分でわかる外国為替の仕組み	片山立志	かんき出版
日本人のための宗教原論	小室直樹	徳間出版
国際法務の常識	長谷川俊明	講談社
輸入のすすめ方	永野靖夫	
ブランド・エクイティ戦略	D.Aアーカー	ダイヤモンド社
洋上三万マイル浪漫大航海	大須賀英夫	歴史春秋出版社
MBAマーケティング	グロービス	ダイヤモンド社
ITコンサルティング	松下芳生	PHP研究所

大須賀 祐（おおすか　ゆう）

1955年生まれ。早稲田大学商学部卒。ジェトロ認定貿易アドバイザー。日本貿易学会正会員、株式会社インポートプレナー最高顧問。輸入ビジネス歴28年超。東証一部上場企業入社後、3年目で最優秀営業員賞受賞。その後、直接輸入を推進。2004年2月、当時合格率がわずか8.4%であり現役で日本国内に500名もいない超難関資格「ジェトロ認定貿易アドバイザー」を取得。全国で486人目の貿易アドバイザーとして、日本貿易振興機構（JETRO）より認定を受ける。その実践に裏打ちされた的確なコンサルティングはクライアントから圧倒的な支持を受け、テレビ、ラジオ、新聞などのマスコミにも頻繁に紹介されている。

著書に、『貿易ビジネスの基本と常識』（PHP研究所）、『輸入ビジネス儲けの法則』（現代書林）、『図解 これ1冊でぜんぶわかる！貿易実務』（あさ出版）、『ホントにカンタン！ 誰でもできる！ 個人ではじめる輸入ビジネス』（角川フォレスタ）がある。

この本の内容に関するお問い合わせ先
info@importpreneurs.com
大須賀祐の公式ホームページ
http://www.importpreneurs.com/
大須賀祐の公式ブログ
http://ameblo.jp/importpreneur/

初めてでもよくわかる
輸入ビジネスの始め方・儲け方

2006年10月1日　初版発行
2013年5月20日　第6刷発行

著　者　大須賀祐　©Y.Ohsuka 2006
発行者　吉田啓二

発行所　株式会社　日本実業出版社
東京都文京区本郷3-2-12　〒113-0033
大阪市北区西天満6-8-1　〒530-0047
編集部　☎03-3814-5651
営業部　☎03-3814-5161　振替　00170-1-25349
http://www.njg.co.jp/

印刷／三晃印刷　製本／共栄社

この本の内容についてのお問合せは、書面かFAX（03-3818-2723）にてお願い致します。
落丁・乱丁本は、送料小社負担にて、お取り替え致します。

ISBN 978-4-534-04129-6　Printed in JAPAN

下記の価格は消費税(5%)を含む金額です。

貿易実務と外国為替がわかる事典

三宅　輝幸　　　　　　定価 2310円(税込)

基本的なしくみ、相場変動のメカニズム、デリバティブ、国際取引上のリスクと対策など、外国為替にまつわる知識を1頁＝1項目でコンパクトに解説。通して読んでも役に立つ「読む事典」。

輸出入外国為替実務事典

宮下　忠雄　　　　　　定価 4725円(税込)

輸出入・外国為替の全体の流れがつかめるとともに、各段階ごとにどんな手続きや書類が必要なのかが一目でわかる。輸出入実務担当者、外国為替担当者必携の必ず役に立つ便利な事典。

輸出入・シッピング実務事典

髙内　公満　　　　　　定価 4200円(税込)

貿易業務をスムースに行なうには、国際輸送の実務と手続き、それにともなう書類を把握することが不可欠。本書はシッピング業務を中心に輸出入実務全般を平易に解説した必携の入門実務事典。

入門の入門
貿易のしくみ

梶原　昭次　　　　　　定価 1680円(税込)

貿易取引のあらまし、輸出入管理、交渉と契約、貿易条件、クレーム処理など、貿易に関する知識を177項目に整理・分類。全項目に図解を入れた読切り式でスッキリわかるビジュアル版入門書。

やさしくわかる貿易事務のしごと

井上　洋　　　　　　　定価 1470円(税込)

貿易・輸出入の事務は国際ビジネスの基本。商社だけでなく、中小企業などにも広がる海外取引について、運送書類の作成、通関、代金決済などの手続きの電子化にも対応し、やさしく図解。

入門の金融
外国為替のしくみ

小口　幸伸　　　　　　定価 1575円(税込)

外国為替に関わる実務家から外貨預金、外国為替保証金取引（FX）を行なう一般投資家まで、知りたいこと・知っておきたいことを海外通貨の最新動向等を織り込んでやさしく紹介する。

定価変更の場合はご了承ください。